HARALD HAVAS

Das Buch der Wiener Welt Wunder

METROVERLAG

Inhalt

Vorwort

Wunder gibt es viele. Überall. Man muss sich nur umsehen. Oder ganz genau aufpassen. Und besonders viele dieser Wunder gibt es in Wien. Das kann ich als langjähriger Bewohner, Beobachter und Entdecker dieser Stadt jederzeit bezeugen. Vertrauen Sie mir.

Wobei es natürlich auf die persönliche Definition ankommt, was man nun als Wunder einordnet oder nicht. Für mich sind Wunder in erster Linie wunderbare Dinge, wunderbare Orte und wunderbare Geschehnisse. Kurz, Begebenheiten und Umstände, die mich verblüffen, amüsieren, zum Nachdenken anregen – und das alles am besten gleichzeitig.

Mit solchen Wundern ist Wien tatsächlich reichlich gesegnet. Wobei einige davon mit Fug und Recht den Anspruch auf den Status eines Weltwunders erheben können. Eine Auswahl davon habe ich hier in diesem Buch zusammengetragen. Welche nun allerdings auch für Sie als Wunder durchgehen oder sogar als Weltwunder, finden Sie am besten selbst heraus.

Nach „Kurioses Wien", „Furioses Wien" und „Unglaubliches Wien" ist dies mein nunmehr viertes Buch über die Seltsamkeiten, Besonderheiten und Absonderlichkeiten meiner Heimatstadt. Der jüngste Band einer inzwischen zur Tetralogie herangewachsenen Reihe quasi. Auch das ist auf seine Art irgendwie so etwas wie ein kleines Wunder.

Harald Havas

Gedenkbusch und Erinnerungsplatane

Gedenkorte kommen in allen möglichen Formen, Farben und Größen daher. Im Allgemeinen handelt es sich dabei um Denkmäler, Statuen oder Tafeln, die an berühmte Personen sowie schreckliche oder auch glückliche Ereignisse erinnern sollen. Dazu kommen Naturdenkmäler, wie besonders alte Bäume oder auch Gartenanlagen. Ehemalige Wohn- oder Geburtshäuser berühmter Personen fallen natürlich auch in diese Kategorie. Vielleicht auch ein bestimmter Tisch in einem Kaffeehaus, an dem dieser oder jener Literat immer saß. Im Café Central begrüßt einen etwa eine Statue von Peter Altenberg gleich im Eingangsbereich. Ob er allerdings jemals wirklich an dieser Stelle gesessen ist, lässt sich schwer sagen. Genauso gut könnte das auch der Lieblingstisch von Trotzki, Stalin oder Hitler gewesen sein.

Aber kommen wir auf den Gedenkort zurück. Auf den Gedenkort, den es eigentlich nicht gibt, beziehungsweise der eines Ereignisses gedenkt, das vermutlich nie so stattgefunden hat: Mozarts Pinkelstein. Dieser so benannte Felsbrocken steht (inklusive erklä-

render Tafel) in Niederösterreich, genauer gesagt in Raschala, einem Ort in der Nähe von Hollabrunn. Und er, nun, markiert seit 1976 die Stelle, an der sich Mozart bei einer seiner Reisen von Wien nach Prag dereinst nach der Einkehr in den Weinkellern des Dorfes „mit großem Brausen" erleichtert haben soll. Die Geschichte dieses Denkmals geht auf den Fasching des Jahres 1975 zurück, in dem den Bewohnern des Dorfes aufgefallen sein soll, dass ihr Dorf – im Gegensatz zu vielen anderen – kein bedeutendes Denkmal aufzuweisen hatte. Angelehnt an die bekannte Künstlernovelle „Mozart auf der Reise nach Prag" von Eduard Mörike, der darin, ebenfalls völlig frei erfunden, einen Tag im Leben von Wolfgang Amadeus Mozart schildert, beschloss man, einfach eine historische Tatsache, nämlich die des feuchtfröhlichen Aufenthalts des Musikgenies in Raschala, zu behaupten. Dafür wurde extra ein Granitblock aus dem Waldviertel herbeigeschafft, der 1976 aufgestellt wurde und auf dem auf einer Tafel in poetischen Worten jener berühmte Vorfall des langanhaltenden Urinierens von Wolferl beschrieben wird. Soweit so gut. Allerdings überschneidet sich diese Geschichte mit meiner Erinnerung an einen Fernsehbericht über einen anderen Pinkelstein Mozarts. Dieser Bericht war einer von neun Beiträgen in der von 1973 bis 1977 im ORF ausgestrahlten und von Günter Tolar moderierten TV-Sendung „Wer dreimal lügt". Spätgeborenen, die auch die teilweise Wiederholung der Serie im Jahre 2007, im Rahmen der ehemaligen ORF Comedy-Schiene „Donnerstag Nacht", nicht mitbekommen haben, sei hier das Konzept kurz erläutert: In neun kurzen Filmen werden Seltsamkeiten, Erfindungen, Entdeckungen und Kuriositäten aller Art und aus aller Welt präsentiert. Alle sind zum Staunen, alle sind faszinierend, alle sind außergewöhnlich. Das Problem ist nur, dass drei davon erstunken und erlogen sind. Der Zuschauer hat nun die Aufgabe, abzuschätzen, welche von den neun Berichten wahr und welche frei erfunden sind. Damals, in der Zeit vor dem Internet, ließ sich so etwas durch Recherche nämlich kaum definitiv herausfinden. (Allerdings wäre das auch heute wieder schwierig, denn viele der erlogenen Geschichten treiben bereits als vermeintlich wahre Geschichten durch die unendlichen Weiten des Netzes.) Jedenfalls sollte man damals die drei *fake news* herausfinden, auf eine Postkarte schreiben und an den ORF schicken, um dies und das zu gewinnen. Die Auflösung gab es eine Woche später, in der nächsten Sendung. Ich war damals als Kind ein begeisterter Seher dieser Sendereihe (mein Faible für Absonderlichkeiten und Kuriositäten dürfte damals schon recht groß gewesen sein, wenn nicht sogar durch diese Sendung mit ausgelöst). Und ich kann mich noch gut an viele Beiträge erinnern. Einer davon war eben jener über den ominösen Pinkelstein, inklusive filmischer Nachstellung mit Pferdekutsche und gespieltem Austreten eines Schauspielers in historischer Verkleidung. Ich erkannte damals sofort, dass es sich dabei um eine Lügengeschichte handeln musste. Und das wurde dann auch in der nächsten Sendung bestätigt. Was mich nunmehr zu der These führt, dass die Sendung vor dem Fasching 1975 ausgestrahlt worden war – und die Masterminds aus Raschala die Idee für ihr Denkmal vermutlich vor dem Fernseher hatten. Denn (Trommelwirbel) mein Logikschluss lautet folgendermaßen: Wenn es den örtlichen Pinkelstein in Raschala *vor* dem Bericht in „Wer dreimal lügt" schon gegeben haben sollte, wäre der Bericht darüber ja *nicht falsch* gewesen, weil es den Pinkelstein schon gegeben hätte! (Wenn auch auf einer frei erfundenen Begebenheit basierend.) Nun könnte ich natürlich in den ORF-Archiven herauszufinden versuchen, was zuerst da war, der erfundene Pinkelstein im Fernsehen oder der erfundene Pinkelstein in Raschala. Aber so neugierig bin ich nun auch wieder nicht. Belassen wir es also bei dieser Heisenbergschen Unschiffe, äh, Unschärfe.

Und damit endlich zu dem namensgebenden Busch dieses Kapitels. Er befindet sich im Volksgarten zu Wien. Und er ist deshalb so besonders, geradezu eben ein Wunder von Wien, weil er in keine der am Anfang beschriebenen Kategorien eines Denk- oder Mahnmals fällt. Denn er wurde nicht errichtet, er steht an einem Ort, der mit seiner Historie nicht direkt zu tun hat und er ist – obwohl eindeutig ein Busch – auch kein Naturdenkmal.

Um botanisch übrigens ganz korrekt zu sein, halte ich fest, dass es sich strenggenommen um einen Strauch handelt. Und zwar um einen Rosenstrauch. Der wurde im Jahr 2000 im Angedenken an Doktor Karl Renner gepflanzt, der wohl (unrecherchiert) weltweit der einzige Mensch sein dürfte, der hintereinander jeweils der erste Präsident zweier jeweils neu gegründeter Staaten war. Nämlich sowohl der Ersten als auch der Zweiten Republik Österreich. Ein ähnliches Kunststück gelang etwa hundert Jahre vor ihm auch dem Habsburger Kaiser Franz II./I., der sowohl der letzte Kaiser eines Kaiserreichs („Heiliges römisches Reich Deutscher Nation") als auch der erste Kaiser eines Kaiserreichs („Kaisert(h)um Österreich") war. Jedenfalls stammt dieser über neunzig Jahre alte Rosenstrauch aus dem Geburtsort von Karl Renner, Dolní Dunajovice (Untertannowitz), der zur Zeit seiner Geburt, 1870, zwar Teil der österreichischen Monarchie war, heute aber in Tschechien, wenn auch nahe der Grenze zu Österreich, liegt. Genauer gesagt stammt der Rosenstrauch aus dem Garten des Geburtshauses von Karl Renner und wurde von der österreichisch-tschechischen Gesellschaft zu seinem Angedenken umgepflanzt – um nicht zu sagen in Sicherheit gebracht. Wie auf der neben dem Strauch aufgestellten Gedenktafel zu lesen ist.

Die Inschrift lautet: „Dieser ungefähr 80-jährige Rosenstrauch wurde anlässlich der Rekonstruktion des Geburtshauses des Bundespräsidenten Dr. Karl Renner aus dem Garten in Untertannowitz, heute Dolní Dunajovice (Tschechien), von den Bundesgärten und der Österreichisch-Tschechischen Gesellschaft gerettet und an dieser Stelle in Ehrung des Gründers der Ersten und Zweiten Republik ausgepflanzt. Wien, im Jahre 2000."

Eine andere interessante Pflanze, die tatsächlich etwas mit Mozart zu tun hat, befindet sich am Wiener Rennweg. Es handelt sich um die sogenannte Mozart-Platane, sie ist einer der ältesten Bäume Wiens. Ihr Alter ist nicht mehr exakt festzustellen, es wird auf 230 Jahre geschätzt. Sie ist eines der ältesten Naturdenkmäler Wiens. Der Name Mozart-Platane bezieht sich darauf, dass Mozart definitiv öfters an diesem Baum vorbeigegangen sein muss, gab er doch im daneben befindlichen Hause des Botanikers Nikolaus Joseph Freiherr von Jacquin Klavierunterricht. Vor dem Baum befindet sich heute auch ein Gedenkstein, der ihn allerdings als „Jacquin-Platane" ausweist und das Pflanzdatum mit etwa 1780 festlegt. Zwar liegt die Platane auf einem sicheren Platz unter den Top Ten der Wiener Naturdenkmäler, wird aber vom Alter her von einem anderen Baum locker ins Astloch gesteckt. Und zwar von der sogenannten „Tausendjährigen Eibe" am Rennweg 12, sie ist angeblich der Rest eines noch von den Römern an dieser Stelle angelegten Eibenhaines. Was nicht unplausibel ist, da aktuelle Ausgrabungen immer mehr auf eine großräumige Besiedelung des dritten Bezirks in antiker Zeit hinweisen. Genau genommen handelt es sich bei der Tausendjährigen Eibe um zwei Eiben. Früher waren es sogar drei, wobei eine davon einen Stammumfang von nicht weniger als 3,2 m besaß, was schon auf ein beachtliches Alter schließen lässt.

Auch noch erhalten ist übrigens Naturdenkmal Nummer 4, ebenfalls ein Baum, ebenfalls im dritten Bezirk. In diesem Fall handelt es sich um eine Weiße Maulbeere im Hof des Hauses Landstraße 4A, die aufgrund ihrer Seltenheit und ihres Alters (vermutlich etwa 300 Jahre) geschützt wurde.

Beutesimulator im fruchtbaren Schönbrunn

Der Wasserskilift an der Neuen Donau (siehe Kapitel „Donauinsel-Blues“) ist nicht die einzige besondere mechanische Liftanlage in Wien. Ich will aber nicht auf den Skilift an der Hohen Wandwiese hinaus. Nein, der Lift, von dem die Rede sein soll, transportiert nicht Menschenfleisch, das in Badehose oder Anorak gehüllt ist, sondern totes Tierfleisch. Es ist der sogenannte „Beutesimulator“ im Zoo von Schönbrunn. Tatsächlich handelt es sich dabei um einen umgebauten Skilift, der die Fütterung für die Geparden zum kleinen Jagderlebnis macht, weil er das an einem Haken hängende Fleisch mit bis zu 40 km/h durch die Anlage flitzen lässt. Denn im Bestreben, für immer mehr Tierarten im Zoo immer naturnähere Bedingungen zu schaffen – so reduziert Schönbrunn seit Jahren die Vielfalt einiger (großer) Tierarten zugunsten von größeren Gehegen für die verbleibenden –, wird möglichst auch auf das jeweilige natürliche Ernährungsverhalten der Tiere Rücksicht

genommen. Und Geparden haben es nun mal gerne sportlich. Platz genug für die tägliche Hatz ist in der 2.200 m^2 großen Geparden-Anlage vorhanden. Und die Sprinter können so ihrem natürlichen Verhalten nachkommen und die „fliehende" Beute vor dem Verzehr „erlegen".

Die Errichtung des Simulators im Jahr 1997 geht indirekt auf eine Initiative des früher durch seine Tiersendungen im ORF österreichweit prominenten Zoologen Dr. Otto Koenig zurück. Deshalb heißt der Lebensbereich der Wildkatzen in Schönbrunn im Angedenken an ihn auch „Otto Koenig Gepardenanlage", eine Benennung, mit der er postum geehrt wurde. Koenig starb 1992 und damit endete auch bald die Ära der eigenen Tiersendungen im ORF – mit den rühmlichen Ausnahmen der Universum-Dokumentationen natürlich. Und bevor es hier zum Partystreit-Thema zwischen Besserwissern, Beckmessern und Erbsenzählern wird, wie die Sendung von Dr. Koenig nun genau geheißen hat: Sie wechselte mehrmals den Namen und wurde zu verschiedenen Zeiten unter verschiedenen Titeln ausgestrahlt. „Wunder der Tierwelt", „Rendezvous mit Tieren" und zuletzt „Rendezvous mit Tier und Mensch". Kein Wunder angesichts der langen Ausstrahlungszeit zwischen 1956 und 1992.

Allerdings kann Schönbrunn nicht den Ruhm einheimsen, damit die erste Anlage dieser Art geschaffen zu haben. Obwohl wir sehr wohl in Österreich bleiben, denn bereits 1978 wurde ein derartiger Beutesimulator im steirischen Tierpark Herberstein installiert. Damals tatsächlich als erster der Welt. Auch der Zoo Salzburg verfügte über eine solche Anlage, bei der das Fleisch sogar mit 60 km/h durch die Gegend flitzte. Diese ist derzeit allerdings nicht mehr in Betrieb. Die Anlage in Herberstein, die tatsächlich direkt auf Betreiben und die Initiative von Otto Koenig zurückgeht, wurde inzwischen umgerüstet und 2006 als die nunmehr längste „Beute-Seilbahn“ Europas wiedereröffnet. Sowohl in der Steiermark als auch in Wien können die Tiere bei der täglichen Jagd von Besuchern beobachtet werden.

Der Fachausdruck, dem natürlichen Lebensraum und dem natürlichen Verhalten der Zootiere entgegenzukommen, lautet „Behavioral Enrichment“, also Verhaltensbereicherung.

Ob es an solchen Initiativen liegt, an einer besonders liebevollen Pflege, an der bekannten Tierliebe der Wiener oder am Klima: Jedenfalls gilt der Zoo in Schönbrunn als besonders fruchtbar. Ein Beispiel dafür sind die Pandas. Da Pandas nach wie vor als bedroht gelten und rechtlich gesehen alle der Volksrepublik China gehören, werden sie nur sehr selektiv und selten an Zoos vergeben. Derzeit gibt es nur fünf große Zoos in Europa, die Pandas zeigen (nota bene nicht besitzen): Wien, Madrid, Beauval (Frankreich), Edinburgh und Pairi Daiza (Belgien). Wien kam im Jahr 2003 zu dieser Ehre, und das Pärchen Yang Yang („Sonnenschein“) und Long Hui („Drachenzeichen“, verstorben 2016) zogen zu Forschungszwecken und durchaus mit Zuchtabsicht in ihr Schönbrunner Gehege. Und natürlich zur Freude des Publikums. Die Sache mit der Zuchtabsicht hat seither prächtig funktioniert. 2007 kam ihr erster Nachwuchs auf die Welt, dessen Name Fu Long („Glücklicher Drache“) vielen Wienern noch immer ein Begriff ist. Nach zwei Jahren wurde der Kleine vertragsgemäß wieder nach China zurückgeschickt. Ebenso seine jüngeren Geschwister Fu Hu („Glücklicher Tiger“, geboren 2010) und Fu Bao („Glücklicher Leopard“, geboren 2013). Im Jahr 2016 konnte die Glücksserie noch um eine Sensation erweitert werden: Yang Yang toppte ihren bereits bestehenden Europarekord an Nachwuchs und brachte die Zwillinge Fu Feng und Fu Ban zur Welt. „Feng“ steht für Phönix und Fu Ban bedeutet „Glücklicher Gefährte“ oder „Glückliche Hälfte“. In der freien Natur verstößt übrigens eine Pandamutter bei den seltenen Mehrfachgeburten relativ bald das schwächere und kümmert sich um das stärkere Tier. Das wird im Zoo natürlich vermieden.

Eine andere Schönbrunner-Besonderheit sind die ebenfalls publikumswirksamen Elefantengeburten. Also genau genommen nicht die Geburten an sich, sondern die Möglichkeit, ein junges Elefantenkalb herumtollen zu sehen. Schwangere Elefantenkühe brauchen übrigens viel Bewegung, weshalb sich insbesondere frühmorgens durch den Schönbrunner Schlosspark joggende Sportlerinnen und Sportler informieren sollten, ob derzeit im Zoo Nachwuchs zu erwarten ist, weil sie sonst unversehens einer leibhaftigen, gerade auf Spaziergang befindlichen Elefantenkuh gegenüberstehen könnten.

Außerdem gibt es auch noch bei vielen anderen Wiener Zootieren erfreulich regelmäßig Nachwuchs, der nicht immer eine ebenso große mediale Aufmerksamkeit erhält, obwohl Schönbrunn gerade Jungtiere sehr gerne für Werbezwecke großflächig plakatieren lässt. Die hohe Geburtenrate des Tierparks ist tatsächlich eine Besonderheit. Oder sagen wir es mit den Worten des „Newsportals" oe24. Am 28.8.2010 war dort unter dem Titel „Der geilste Zoo der Welt" folgendes zu lesen: „Beziehungskrisen, Lustlosigkeit, Stress – Sexkiller dieser Art kennt man im Tiergarten Schönbrunn nicht. Im ‚Zoo der Liebe' wollen und können die Vierbeiner immer. Jede Nacht geht es in der ehemaligen Kaiserresidenz ordentlich zur Sache. Überspitzt formuliert: In keinem Zoo der Welt wird mehr kopuliert als in Schönbrunn." Nun gut. Wollen wir das einmal so stehen lassen.

Doch nicht immer sorgt der Nachwuchs für Freude. In einigen Zoos werden bei überzähligen Jungtieren sogar so große Tiere wie Bären oder Tiger bald nach der Geburt eingeschläfert. Im Tiergarten Schönbrunn weiß man um die Problematik der zeitweise ungelegen kommenden Fülle an Nachwuchs der tierischen Bewohner. Und sie wird, laut der Schönbrunner Futtermeisterin, auch nicht bewusst produziert. Ganz im Gegenteil, es gibt sogar Geburtenkontrolle: Die Tiger „nehmen die Pille" und alle Jaguare sind kastriert. Damit nicht genug, teilweise dient der Nachwuchs und Bestand des Zoos auch zur autarken Selbstversorgung: So werden überschüssige Klein- und Huftiere durchaus auch anderen tierischen Zookollegen verfüttert. Mäuse und Ratten werden zu diesem Zweck sogar extra gezüchtet, ebenso wie Fische, für die man einen eigenen Fischteich in Laxenburg gepachtet hat. Wobei man bei der Fütterung der Fleischfresser durchaus auf die Gefühle der Besucher Rücksicht nimmt: Rund um Ostern etwa werden an die Krokodile nur geköpfte Kaninchen verfüttert, damit kein Besucher seinen Kindern erklären muss, wieso das böse Krokodil jetzt den armen Osterhasen auffrisst. Immerhin geht man bei uns nicht so weit wie in anderen Zoos, die mit Rücksicht auf die Besucher ihren Raubtieren sogar nur Faschiertes vorsetzen. Siehe Beutesimulator. Die teuersten Zootiere sind übrigens Vegetarier: Für die Pandas wird Bambus aus Südfrankreich importiert und die Koalas bekommen ihren Eukalyptus sogar direkt per Flugzeug aus Australien.

Selbstmörderstatue

In Wien begegnet einem auf Schritt und Tritt Kunst und Kultur. Und das nicht nur in der Innenstadt. An allen möglichen und unmöglichen Stellen finden sich Denkmäler, Skulpturen oder künstlerische Objekte. Doch da gibt es eine Installation, die die genauere Betrachtung besonders wert ist. Dabei handelt es sich, um ein paar unschöne Superlative zu verwenden, um das wohl versteckteste, überraschendste, irritierendste, eigenartigste und außergewöhnlichste Objekt dieser Kategorie. Und zwar aus folgenden Gründen: Zum einen ist es nämlich kaum zu sehen, sogar wenn man weiß, wo es steht. Zum anderen wirkt es ausgesprochen erschreckend und bedrohlich, wenn man es einmal gefunden hat. Und zum dritten sagt es etwas völlig anderes aus, als man auf den ersten Blick meinen könnte.

Die Rede ist von der „Selbstmörderstatue“ am Getreidemarkt.

Doch ordnen wir die Fakten, die jene Skulptur umgibt. Schritt für Schritt. Zuerst einmal das Wo. Also. Unbemerkt von dem heftig vorbeirauschenden Durchzugsverkehr der Zweierlinie (vulgo Lastenstraße vulgo Lastenring) und ebenso selten bis nie bemerkt

von den vielen zwischen Museumsquartier, Mariahilferstraße, kunsthistorischem Museum, Ring und Naschmarkt flanierenden Einheimischen und Touristen, befindet sich das Objekt unserer Betrachtung an der Adresse Getreidemarkt 17/Ecke Mariahilferstraße. Allerdings steht es nicht, wie gewohnt, auf Bodenniveau und auch nicht, wie in Wien sonst oft, auf der Höhe des ersten oder zweiten Stocks. Nein, in diesem Fall muss man den Kopf schon ganz in den Nacken legen, um die Skulptur eines Mannes in Anzug und mit Hut ganz oben am Dachsims entdecken zu können. Um genau zu sein, am unteren Sims des zweistöckigen modernen Dachausbaus des gründerzeitlichen Hauses. Wenn man einmal weiß, wo die Figur steht, ist sie auch mit bloßem Auge ganz gut zu sehen. Sonst fällt sie wohl nur Menschen auf, die in ihrem Drang, alles und jeden zu fotografieren, ihrem Dia-Abend auch gerne Studien von Wiener Dächern hinzufügen wollen.

Solchen Zufallsentdeckern könnte die Skulptur allerdings durchaus einen ordentlichen Schrecken einjagen. Bei dem Herrn auf dem Dach handelt es sich nämlich nicht um kalten Stein, sondern um eine Figur, die sowohl von der Größe als auch von der Farbgebung her quasi schaufensterpuppenartig einem lebenden Menschen entspricht. Genauer gesagt entspricht er von der Optik her einem Bankangestellten oder Manager. Oder, wie es die Website der Kunstzeitschrift esel.at beschreibt: „[Es handelt sich um] eine lebensgroße Figur, die einen Mann in einem schlichten grauen Anzug mit Brille, Hut und einem Aktenkoffer in der Hand darstellt. Die Körperhaltung ist leicht nach vorne gebeugt, Blick in den Abgrund. Anzug, Hemd und Schuhe sind maßgeschneidert, damit die Figur besser zur Geltung kommt. Durch die klassische graue Kleidung und den Schnitt kann man nur schwer darauf schließen, aus welcher Zeit diese Figur stammt. Es könnten die 20er- genauso wie die 90er-Jahre des letzten Jahrhunderts sein [...]“.

Da steht der Mann mit dem verknautschten Schlapphut nun also und blickt auf das geschäftige Treiben des Getreidemarkts hinab. Und wirkt so, als ob er darüber nachdenkt zu springen – beziehungsweise es unmittelbar vorhat. Was der Skulptur unter den Leuten, die sie schon einmal gesehen haben, eben den nicht ganz korrekten (dazu gleich) Namen „Selbstmörderstatue" eingebracht hat. Geschaffen wurde sie vom Leobener Künstler Ronald Kodritsch. Sie wurde im Jahr 2009 – für ein Jahr – aufgestellt. Aber wie es so ist mit den Provisorien in Wien, erweisen sie sich meist als erstaunlich dauerhaft. Also steht der gute Mann zum Zeitpunkt des Schreibens dieser Zeilen schon seit sieben Jahren dort oben – und ist noch immer nicht gesprungen.

Was zu der ebenfalls schon erwähnten Fehleinschätzung überleitet. Denn die Skulptur stellt nicht einen potenziellen Selbstmörder dar, sondern erzählt vielmehr die Geschichte eines Mannes, der genau diesen Schritt (in den Abgrund) *nicht* getan hat.

Aufgestellt wurde die Plastik durch den Verein Kunst im öffentlichen Raum (KOER), der mit Vorliebe paradoxe Interventionen künstlerischer Art betreibt. Einige der oft auffälligen, aber immer nur temporär ausgestellten großen Kunstinstallationen am Graben, vor dem Gebäude der Erste Bank, gehen auf sein Konto. Auch die Pflanzeninstallation am Morzinplatz, in Gedenken an die von den Nationalsozialisten ermordeten Homosexuellen und Transgenderpersonen, war ein Teil einer KOER-Aktion.

Kommen wir aber zurück zu unserem Dachsims-Mann: Natürlich sind seine Kleidung, ebenso wie sein Aufstellungsjahr – 2009 – sowie der Aufstellungsort, das Haus beherbergt die Firma Wertinvest Beteiligungs- und Immobilienberatung, kein Zufall. Angespielt wird hier auf die Wirtschaftskrise der Jahre 2008 und 2009, auf die der Mann sozusagen von oben herab blickt, während er seine nächsten Schritte (im Falle von „nach vor" allerdings nur *einen* nächsten Schritt) abwägt. Der Mann hat übrigens auch einen Namen. Dieser wurde ihm vom Künstler gegeben und lautet Oskar Breitfeld. Und Oskar Breitfelds Leben und Gedanken erzählte der Künstler auch zur Zeit seiner Aufstellung in einem Online-Tagebuch. Auch dieses, obwohl im Jahr 2009 nicht mehr fortgesetzt, befindet sich immer noch im Netz: http://oskarbreitfeldstagebuch.blogspot.co.at/

Den meisten kunstkritischen Quellen nach zu urteilen, handelt es sich bei der Figur im Endeffekt um eine Darstellung der Kontemplation, des Nachdenkens, des Entscheidens über den zukünftigen Lebensweg. Dass Ronald Kodritsch jedenfalls nicht vorhatte, seinen Mann tatsächlich in den Abgrund zu stürzen, sondern mit ihm eher ein Signal der Hoffnung und Umkehr setzen wollte, legt nicht zuletzt der Name der Installation nahe. Ihr Titel lautet nämlich „Reason to Believe".

Übrigens kann man Oskar Breitfeld, wenn man weiß, wonach man sucht, sogar in Google Earth erkennen: als kleinen, dunklen Fleck.

Brückenverschwörung

Wien hat sein eigenes 9/11. Und zwar ein 8/1.

Gemeint ist damit der Reichsbrückeneinsturz am 1. August 1976. Und ohne den Opfern dieser beiden Katastrophen gegenüber respektlos erscheinen zu wollen, die Verschwörungstheorie rund um den Einsturz der Reichsbrücke ist echt cool. Aber bevor ich mich dieser widme, mache ich noch einige kleine Umwege mit kuriosen und interessanten Details.

Oder, um es anders zu formulieren: Dieses Kapitel handelt von Donaubrücken. Und dieses Thema ist wesentlich interessanter, als es im ersten Moment klingen mag. Vor allem war die Brückenfrage in der Wiener Vergangenheit ein wirklich herausforderndes Problem, das sich immer nur temporär lösen ließ. Das lag vor allem an der über viele Jahrhunderte unreguliert fließenden Donau, die sich ihr Bett je nach Hochwasser alle paar Jahre oder Jahrzehnte neu schuf. Was logischerweise Überbrückungen derselben etwas mühsam machte. Denn es galt, wegen der vielen Inseln und Sandbänke, nicht nur, mehrere Teile der Donau zu überqueren, sondern auch immer wieder neue! Das Mittel der

Wahl war daher meistens der Fährbetrieb. Die ersten fixen Brücken wurden folgerichtig auch sehr spät, erst Mitte des 15. Jahrhunderts, errichtet. Überliefert sind unter anderem die sogenannte „Wolfsbrücke“, eine Holzkonstruktion, die sich etwa in der Gegend des heutigen Floridsdorfs, grob an der Stelle der heutigen Floridsdorfer Brücke, befand. Sie führte von den transdanubischen Landen auf eine große Donauinsel, die etwa der heutigen Brigittenau entspricht und die zeitweise den Namen „Wolf“ trug. Außerdem gab es die „Lange Brücke“ in der Nähe des Augartens sowie die sogenannte „Schlagbrücke“ unweit der heutigen Schwedenbrücke. Das war auch im Wesentlichen die damalige Hauptroute, wenn man vom nördlichen Niederösterreich in die Stadt Wien kam. Also die Linie Floridsdorf-Brigittenau-Schwedenplatz, was ungefähr der heutigen Nordroute der Straßenbahnlinie 2 plus ein paar Stationen 31er entspricht.

Der Name der letzten Brücke vor der befestigten Stadt Wien (das war damals das Gebiet des heutigen Ersten Bezirks), „Schlagbrücke“, leitet sich übrigens nicht etwa von den Schlagbäumen ab, die auf beiden Seiten aufgestellt waren, sondern vom Wort „schlachten“. Ursprünglich lautete der Name der Brücke daher auch „Schlachtpruckh“, und das hatte damit zu tun, dass bis hierher getriebenes Vieh (vor allem Ochsen und Rinder), welches für die Fleischbänke beim Roten Turm zum Verkauf vorgesehen war, erst hier geschlachtet werden durfte. Nicht umsonst heißt die größte Straße dieser Gegend im 1. Bezirk heute noch Fleischmarkt. Die Tiere durften erst kurz vor der Stadt geschlachtet werden, weil der Transport von Fleisch, also toten Tierkörpern, über weitere Strecken aus hygienischen Gründen verboten oder aber zumindest sehr eingeschränkt war.

Nach den ersten Bemühungen um 1700, die Donau zu regulieren, die allerdings in erster Linie nur die Schaffung des heutigen Donaukanals zur Folge hatten, wurden die ersten fixen Brücken im Gebiet der heutigen Innenstadt errichtet. Dauerhafte Donaubrücken über den Hauptstrom entstanden erst sehr viel später, nach der großen Regulierung Ende des 19. Jahrhunderts. Danach aber begann nun tatsächlich die Zeit der veritablen Brücken über den Donaustrom. Die ersten beiden Übergänge für Fußgänger und den öffentlichen Verkehr waren – in der Nachfolge der Wolfsbrücke – die Franz-Josephs-Brücke, heute heißt sie Floridsdorfer Brücke, und die Kronprinz-Rudolf-Brücke, die heutige Reichsbrücke. Außerdem wurden, den Entwicklungen der Zeit geschuldet, drei Eisenbahnbrücken errichtet: die Nordbahnbrücke, die Nordwestbahnbrücke und die (Stadlauer) Ostbahnbrücke. Um einiges später, nach dem Zweiten Weltkrieg, wurde die Nordwestbahnbrücke in eine dritte Straßenbrücke mit dem Namen Nordbrücke umgewandelt. Als vorletzte große Donauquerung folgte als Teil der Südosttangente (A 23) die Praterbrücke, zur Zeit ihrer Errichtung schlicht als „Vierte Donaubrücke" bekannt. (Ein Name, der Menschen meiner Generation manchmal noch unbeabsichtigt entschlüpft.) Und schließlich die Brigittenauer Brücke. Die Geschichte von letzterer ist derart kurios, dass ich ihr bereits in meinem ersten Wien-Buch ein Kapitel gewidmet habe („Into the nothing"). Ich ersuche um Nachsicht, dass ich die Geschichte hier nicht wiederhole, denn sie ist viel zu lustig und auch zu interessant, um sie nur verkürzt wiederzugeben.

Die Benennungen von Brücken wie auch anderen Verkehrsflächen sind oft dem Zeitgeist beziehungsweise auch dem politischen Umfeld geschuldet. (So wurden auch fast alle Teile der Ringstraße im Laufe der Zeit mehrfach umbenannt.) Manchmal ist es aber auch umgekehrt: Die Brücke wird ausgetauscht und der Name bleibt. Und manchmal gibt es beides.

Im Fall der Floridsdorfer Brücke lässt sich das so zusammenfassen: Zuerst hieß sie Kaiser-Franz-Josephs-Brücke (Eröffnung

1874), dann wurde sie in der Ersten Republik in Floridsdorfer Brücke umbenannt. Diese wurde von den sich zurückziehenden deutschen Truppen 1945 gesprengt und dann zuerst als Steg und schließlich als feste Brücke wiedererrichtet, allerdings unter dem Namen Malinowskijbrücke. 1956 sollte sie in Floridsdorfer Brücke umbenannt und 1976 großflächig umgebaut beziehungsweise fast völlig neu errichtet werden, allerdings diesmal unter Beibehaltung ihres Namens.

Ähnlich bunt sieht die (Namens-)Geschichte der Reichsbrücke aus. Diese wurde im August (bitte merken, wird noch wichtig) 1876 als Kronprinz-Rudolf-Brücke errichtet, mit je zwei kleinen gemauerten Wachtürmen (vulgo Brückenköpfen) an beiden Enden. In der ersten Republik erfolgte dann die Umbenennung in Reichsbrücke. Wohl bezugnehmend auf den Wortbestandteil -reich in Österreich und nicht auf das alte Habsburgerreich, wie man vielleicht annehmen könnte. Allerdings stellt sie auch eine Verlängerung einer der alten Reichsstraßen dar, also wer weiß.

Die Reichsbrücke wurde bereits zwischen 1934 und 1937 komplett neu errichtet und umgestaltet, und zwar als Kettenbrücke. Diese nun überstand sogar den Zweiten Weltkrieg, obwohl sie sehr wohl von der Roten Armee als potenzielles Angriffsziel mit dem Namen „Objekt 56" ins Visier genommen worden war und eigenartigerweise, als eine der wenigen Brücken überhaupt, nicht von der fliehenden deutschen Wehrmacht zerstört wurde. Aus welchem Grund sie nicht zerstört wurde, ist bis heute nicht genau bekannt. Die Reichsbrücke wurde nach dem Krieg also nur saniert, erhielt aber dennoch einen neuen Namen durch die Besatzer und hieß fortan „Brücke der Roten Armee". So hieß sie – wie die Malinowskijbrücke – bis 1956. An diese Zeit erinnert auch noch eine Gedenktafel, die laut Staatsvertrag (!) am Brücken-Geländer angebracht sein muss. Der Text darauf lautet: „Dem heldenhaften

Gardelandungstrupp und den Matrosen der Sowjetunion in Dankbarkeit, das befreite Wien."

Die Reichsbrücke behielt fortan also ihr Aussehen und ihren Namen, bis sie 1976 völlig überraschend einstürzte. – Gleich, gleich, noch ein bisschen Geduld! – Was nun ein wirklich guter Grund für einen Neubau ist. Von 1976 bis 1980 stand an ihrer Stelle zuerst eine Notbrücke, bis die neue Brücke (unter dem alten Namen) schließlich wiedereröffnet werden konnte, inklusive U1 im Tiefgeschoß. Das führte zu einer Irritation, die bei manchen bis heute besteht. Es hält sich nämlich der Irrglaube, die Brücke hieße seit ihrer neuen Errichtung „Nestroy-Brücke". Das stimmt nicht, hat aber einen wahren Kern. Wurde doch das Siegerprojekt der damaligen Ausschreibung auch „Johann Nestroy" genannt. Das hat nichts mit dem in relativer Nähe befindlichen Nestroyplatz zu tun, sondern mit der Tatsache, dass die Brücke aus zwei Ebenen – U-Bahn unten und Autoverkehr oben – besteht. Was zu einer assoziativen Anlehnung an das Nestroy-Stück „Zu ebener Erde und erster Stock" führte.

Natürlich gibt es auch noch über die diversen anderen Donauquerungen, wie die Eisenbahnbrücken oder die Fußgänger- und Radfahrerstege, viel Interessantes zu berichten. Es sei hier aber nur mit dem kurzen Hinweis abgetan, dass die Walulisobrücke zusammen mit der Staustufe Wien eine komplette Donauquerung für Fußgänger und Radfahrer darstellt, ebenso wie der Georg-Danzer-Steig unter/neben der Nordbahnbrücke. Übrigens sind alle diese Radfahrbrücken, auch die nicht jedermann bekannte Fuß- und Radfahrquerung unterhalb der (als Autobahn geführten) Praterbrücke, auch für E-Bikes ohne Nummerntafeln passierbar.

Die südlichste Donauquerung auf dem Stadtgebiet von Wien ist übrigens die Barbarabrücke, Höhe Schwechat, die aber, ebenso wie die zweitsüdlichste, nämlich die Rohrbrücke Mannswörth, im

8084

Wesentlichen nur aus einem Gasrohr besteht und daher außer Gas nichts, außer vielleicht ein paar freche Eichhörnchen, über den Strom transportiert.

Doch kommen wir jetzt endlich zum Einsturz der Reichsbrücke und den sich darum rankenden Verschwörungstheorien.

Zuerst der offizielle Ablauf der Ereignisse: In den frühen Morgenstunden des 1. Augusts 1976, gegen 5 Uhr, stürzte die Reichsbrücke plötzlich und ohne Vorwarnung ein. Die Erschütterung des Einsturzes war so stark, dass sie sogar von den Seismographen der Zentralanstalt für Meteorologie und Geodynamik wie ein schwaches Erdbeben registriert wurde. Zu diesem Zeitpunkt befanden sich nur vier Fahrzeuge auf der Brücke, wobei zwei davon ins Wasser stürzten. Ein Bus der Wiener Linien kam auf einem Brückenteil aufrecht zu stehen und ragte aus dem Wasser. Der Fahrer konnte sich aufs Dach retten und nahm, so wird berichtet, sogar noch die Einnahmen der Kasse mit. Das zweite Fahrzeug, ein Kombi mit einem Insassen, stürzte in die Donau und kam unter einem eingestürzten Brückenteil zu liegen. Der Fahrer konnte am nächsten Tag nur noch tot geborgen werden. So weit, so tragisch. Und gleichzeitig auch ein großes Glück. Denn bereits damals wurde die Reichsbrücke zu Hauptverkehrszeiten von bis zu 18.000 Fahrzeugen pro Stunde befahren. Wäre die Brücke etwas später am Tag – während des morgendlichen Berufsverkehrs – eingestürzt, hätte das zu einem unfassbaren Chaos und einer wesentlich höheren Zahl von Toten geführt.

Natürlich gab es danach einige Untersuchungen über die Einsturzursache. Eine Idee war, dass eine unübliche Resonanz die Brücke in Schwingungen versetzt und so zum Einstürzen gebracht hätte. Die Ergebnisse der offiziellen Kommission lauteten am Ende allerdings folgendermaßen: Es habe sich um drei separate Gründe gehandelt, die jeder für sich die Brücke niemals gefährdet hätten, aber in Kombination in tragischer Weise zu diesem Einsturz geführt haben. Und zwar 1. ein Konstruktionsfehler, nämlich „die Wahl eines Auflagerostes aus Blechträgern auf einem unbewehrten Betonsockel“, 2. Materialermüdung, um genauer zu sein „die Wirkung des ‚Kriechens‘ und ‚Schwindens‘ des Betons“ und 3. das Wetter – offiziell formuliert: „der ungünstige Zusammenfall von Witterungs-, Strömungs- und Temperatureinflüssen“.

Im Bericht der Expertenkommission heißt es weiter, dass das Zusammenbrechen des Brückenpfeilers, das schließlich den gesamten Einsturz der Brücke verursachte, auf eine unsachgemäße Reparatur nach dem Ende des Zweiten Weltkriegs zurückgehe. Der Brückenpfeiler sei damals zum Teil mit Sand und unverdichtetem Beton gefüllt worden. So konnte nach und nach Wasser in ihn eindringen, was in weiterer Folge zum Einsturz geführt hätte. Es gab aufgrund der Katastrophe sogar einen Rücktritt: Der amtsführende Planungsstadtrat Fritz Hofmann übernahm die politische Verantwortung und legte sein Amt ein paar Tage nach dem Unglück zurück.

Nun gut, ich bin kein Brückentechniker, es mag also durchaus sein, dass das so gewesen ist. Dennoch gibt es einige Seltsamkeiten und Ungereimtheiten rund um den Einsturz, die natürlich alle zufällig sein könnten, zusammen aber doch ein eigenartiges Bild ergeben. Die erste Auffälligkeit fällt eher in den Bereich des Mystizismus und der Numerologie. Die Reichsbrücke stürzte ja am 1. August 1976 ein. Eröffnet wurde sie nun bekanntlich am 21. August 1876. Ihr Einsturz erfolgte also ganz knapp vor ihrem 100-jährigen Jubiläum! Huuu, huuu … War da der Geist der Monarchie am Werk? Wollte sich Kronprinz Rudolf in Erinnerung rufen? Allerdings wirkt diese Tatsache weit weniger schauerlich, wenn man bedenkt, dass diese Reichsbrücke ja ganz und gar nicht mehr dieselbe war wie die, die 1876 eröffnet wurde, siehe oben.

Interessanter sind allerdings folgende Details, die sich zusammenfassen lassen mit: „Ein seltsamer Anruf bei einer Wiener Tageszeitung am Vorabend. Alle Ampeln an den Rampen zehn Minuten lang auf Rot. Bloß fünf anstelle von bisweilen knapp 20.000 Menschen auf der Brücke, und die alle auch mehr zufällig." – Wie es das Magazin „Wiener" in einem Artikel zum 40-jährigen Jubiläum des Reichsbrücken-Einsturzes beschrieb.

Worum geht es im Detail? Da gibt es einmal einen geheimnisvollen und polizeilich aktenkundigen Anruf beim Portier eines Wiener Zeitungsverlags am Vorabend. Gerade noch am 31. Juli, knapp vor Mitternacht, ließ sich per Telefon die Stimme eines Mannes vernehmen, der folgende Worte sprach: „Morgen, gegen fünf Uhr früh, wird die Reichsbrücke verschwinden und Wien das größte Unglück der Nachkriegsgeschichte erleiden!" Hm. Auch wenn der zweite Teil bis auf den Sachschaden und den einzelnen Todesfall definitiv nicht zutraf, der erste Teil gibt doch zu denken.

Auch die „glückliche" Tatsache der fast leeren Brücke erscheint noch geheimnisvoller, wenn man sie im Detail betrachtet: Denn *keines* der vier dort befindlichen Fahrzeuge hätte, unter normalen Umständen, zu diesem Zeitpunkt dort sein sollen!

Diese vier Fahrzeuge waren:

- Ein VW-Käfer, der nur wegen eines Reifenschadens auf der Brückenauffahrt vor Ort war.
- Ein ÖAMTC-Pannenwagen, der sich nur wegen des VW-Käfers dort befand.
- Der bereits erwähnte Kombi, der nur angehalten hatte, um ebenfalls Pannenhilfe zu leisten.
- Und der Bus der Linie 26A, der nur deswegen auf der Brücke war, weil sein Fahrer auf dem Weg zu seinem Dienstantritt aus Zeitdruck eine Abkürzung genommen hatte. Dafür hatte er sogar eine rote Ampel überfahren.

Auch der seismographische Ausschlag erscheint einigen Menschen verdächtig, da nach deren Lesart die aufgezeichnete Amplitude eher auf die Detonation einer Bombe schließen lässt. Auch Augenzeugen sprachen von einem großen Knall und davon, dass sich die Brücke zuerst deutlich angehoben hätte, bevor sie einstürzte.

Apropos rote Ampeln. Es gibt auch Berichte, dass alle Ampeln an den Rampen vor dem Einsturz mindestens fünf bis sechs Minuten, manche Quellen sprechen von zehn Minuten, lang rot leuchteten. Wer also nicht bereits *zufälligerweise* auf der Brücke war (siehe oben), konnte sie zu diesem Zeitpunkt gar nicht befahren. Außer man ignorierte das Stopp-Signal – wie der Busfahrer, der die Sache mit den roten Ampeln ebenfalls berichtet hatte.

Nun, falls es kein Zufall war, stellt sich natürlich zuerst die Frage *cui bono* – wem hätte ein derartiger Einsturz nützen können? Die Antwort findet sich eigentlich recht rasch: der Stadt Wien, beziehungsweise deren Budget. Denn der Einsturz der Reichsbrücke hatte für die Stadt im Endeffekt ausschließlich positive Folgen: Die Brücke war schon seit langem zu eng – bei ihrem Neubau konnte man nun die Fahrbahn verbreitern. Für die Verlängerung der U1, Richtung Norden, war ursprünglich eine eigene Brücke geplant gewesen – die konnte man sich nun dank der „Nestroy"-Bauweise ersparen. Auch für die Planung der Staustufe Wien, die damals zwar noch nicht konkret angegangen worden war, aber durchaus im Raum stand, war der Neubau von Vorteil – um das mögliche Stauvolumen der Donau maximal auszunutzen, hätte die alte Reichsbrücke nämlich angehoben werden müssen. Was deutlich teurer gekommen wäre als der gesamte Neubau.

Nun, wie gesagt, diese Umstände könnten auf Zufälle zurückzuführen sein, zudem sie zum Teil auf nicht oder nur schwer belegbaren Einzelaussagen beruhen. Wäre ich allerdings ein Drehbuchautor, würde ich die Geschehnisse zu folgendem Plot zusammenfassen:

Wien, Mitte der siebziger Jahre des letzten Jahrhunderts. In geheimen Hinterzimmern der Stadt Wien kommt man zu der Erkenntnis, dass ein Neubau der Reichsbrücke für die Stadt nur von Vorteil wäre. Allein, das vorhandene Budget reicht dafür bei weitem nicht aus. Es würde Jahre dauern, das nötige Kapital zusammenzuhaben und das Projekt zu realisieren. Also reift unter der Beratung von Udo Proksch, dem Freund des Bürgermeisters Leopold Gratz, ein Plan heran: Würde die Reichsbrücke plötzlich einstürzen, müsste man den Neubau zwangsläufig sofort beginnen! Außerdem könnte man auf diese Weise auch an Bundesgelder herankommen, wie an die damals neue, aus der Kfz-Steuer finanzierte „Nahverkehrsmilliarde". Bürgermeister Gratz willigt nach einigem Zögern und einigen Gläsern zu viel in Prokschs „Club 45" schließlich ein. Und so wird der Einsturz vorbereitet. Eine Bombe wird gelegt, der Zeitpunkt für ihre Detonation so gewählt und die Ampeln so geschaltet, dass sich niemand auf der Brücke befinden kann. Zudem erfolgt vorsorglich ein Anruf bei einer Zeitung, um im Notfall die Angelegenheit auf einen Terrorakt schieben zu können.

Und im Prinzip funktioniert auch alles, doch dann gibt es ein Todesopfer. Und so muss der Planungsstadtrat (in meinem Plot der Drahtzieher und dunkle Hintermann der ganzen Sache) nach interner Kritik sein Amt niederlegen.

Der letzte Teil scheint mir besonders plausibel: Denn das Zurücklegen von Ämtern hat in Österreich nun wirklich keine Tradition. Besonders dann, wenn scheinbar die äußeren Umstände an einem Ereignis schuld sind und nicht der für das jeweilige Ressort Zuständige.

Nun, wir werden es wohl nie erfahren, aber mein kleiner Plot gefällt mir dennoch. (Angebote für die Verfilmung bitte ich, an den Verlag zu richten. Ich stehe auch gerne selbst für das Verfassen des Drehbuchs zur Verfügung.)

Der in die Donau gestürzte Bus konnte nach dem Unglück seinen Dienst wiederaufnehmen und wurde danach noch 13 Jahre, bis 1989, im öffentlichen Verkehr eingesetzt. So mancher Leser dieser Zeilen wird wohl mit ihm gefahren sein. Anschließend wurde er ins Wiener Straßenbahnmuseum („Verkehrsmuseum Remise") im dritten Bezirk in Erdberg übersiedelt. Das übrigens mit 100 historischen Fahrzeugen, 7.700 m^2 Ausstellungsfläche, einer 900 m^2 großen Werkstätte und 1.810 m Gleislänge (angebunden an das heutige öffentliche Verkehrsnetz, weshalb die Straßenbahn-Oldtimer gelegentlich auch aus dem Museum heraus- und mitten durch Wien fahren können) das größte Museum seiner Art weltweit ist. Gewissermaßen ein weiteres kleines Wiener Wunder, das mit jenem ominösen Bus ein Artefakt eines weitaus größeren beherbergt.

Bagett

Im zweiten Teil meiner Wien-Buchreihe („Furioses Wien“) habe ich mich in dem Kapitel „Kulinarisches Wien“ ausgiebig diversen weltweit bekannten hiesigen kulinarischen Besonderheiten gewidmet. Einerseits solchen, wie dem Wiener Schnitzel oder den Frankfurter Würstchen (die überall, außer in Wien, „Wiener Würstchen“ heißen), die tatsächlich überall mit Wien verbunden werden und als internationale Visitenkarte der Stadt gelten. Andererseits aber auch solchen, wie dem Bagel oder dem Cappuccino, die ihren Ursprung ebenfalls in Wien haben, auf der ganzen Welt aber als amerikanisch oder italienisch wahrgenommen werden. Auch das französische Croissant geht möglicherweise auf das Wiener Kipferl zurück, das wiederum angeblich in Anlehnung an den türkischen Halbmond erfunden beziehungsweise gebacken wurde. Zwar gibt es keine expliziten Quellen, die diese immer wieder tradierte Geschichte belegen würden, es gibt aber auch keine, die sie widerlegen. Historisch gesehen wäre die Richtung Wien/Paris aufgrund der zweifachen Türkenbelagerung jedenfalls schlüssiger als die umgekehrte Richtung.

Da aber auch ich nie auslerne, kann ich dieser Reihe kulinarischer Kuriositäten noch eine weitere hinzufügen, die mir erst kürzlich untergekommen ist. So soll nicht nur das Croissant, sondern auch das französische Standardgebäck schlechthin, nämlich das oder die Baguette, ursprünglich aus Wien stammen!

Das lange, dünne Weißbrot wird in der Schweiz übrigens charmanterweise auch „Parisette“ genannt, während man die französische Backspezialität in Deutschland, in typisch nüchterner Manier, auch schlicht „Pariser Weißbrot“ nennt. Oder „Pariser“, was wiederum hierzulande eine völlig andere Bedeutung hat, die allerdings auch mit, ähem, langen, dünnen und stangenähnlichen Dingen zu tun hat ...

Doch zurück zur Herkunft des Brotes. Um diese ranken sich drei Entstehungstheorien beziehungsweise -legenden. Die eine berichtet von einem Polen, der in Paris eine „lange Teigführung mit speziellem Hefevorteig" entwickelt hätte. Denkbar, aber langweilig. Eine zweite Theorie, oder in diesem Fall wohl wirklich besser Legende, verweist auf den Architekten der französischen Metro, der dieses Brot erfunden hätte, um Streit unter seinen Bauarbeitern vorzubeugen. Denn im Gegensatz zu anderen Broten muss man das Baguette nicht schneiden, sondern kann es auch einfach brechen. Daher konnte man den Bauarbeitern das Mitbringen eines Messers an den Arbeitsplatz verbieten und so Eskalationen privater Zwistigkeiten der heißblütigen Tunnelbuddler vermeiden. Nett, aber unwahrscheinlich. Ähnliche Entstehungslegenden rund um Nahrungsmittel und Alltagsgegenstände in Wien (siehe die Geschichte mit den von den Türken zurückgelassenen Kaffeebohnen und dem daraus entstandenen ersten Kaffeehaus) und anderswo sind auch meistens nur genau das, nämlich Legenden. Die dritte, auch in Frankreich verbreitete Geschichte rund um das Nationalbrot verweist auf den Wiener Kongress und die, Anfang des 19. Jahrhunderts aufgekommenen, Dampföfen. Für und in diesen hätte dieser Mär nach ein Wiener Bäcker nämlich erstmals das schlanke Weißbrot gefertigt und nach seiner Übersiedlung nach Paris hätte es dort seinen Siegeszug angetreten. Wobei nicht ganz klar ist, ob der Bäcker das Baguette bereits in Wien erfunden oder es erst in Frankreich erstmals hergestellt haben soll. Diese Baguette-Usprungs-Version ist mir natürlich zweifellos die liebste.

Und sie ist auch keinesfalls einfach so von der Hand zu weisen. Denn wie die Geschichte anderer kulinarischer Produkte oder deren Bezeichnungen zeigt, sind gerade im Bereich der Nahrungsmittel Verwandtschaften über lange Distanzen oder gar Kontinente hinweg eher die Regel als die Ausnahme. Man denke nur an den typisch amerikanischen Hamburger, bei dem heute kaum jemand an die namensgebende Stadt Hamburg denkt, obwohl einem das deutsche Wort geradezu vor der Nase tanzt. Wie genau das amerikanische Gericht mit der deutschen Stadt zusammenhängt, ist zwar umstritten und nicht geklärt, dass es einen Zusammenhang gibt, ist aber sicher. Die französische Bezeichnung Bistro für kleine Restaurants stammt wiederum überraschenderweise aus dem Russischen. Hier bedeutet „bystro" schlicht und ergreifend „schnell". Der Name geht angeblich auf russische Soldaten zurück, die im Zuge der Napoleonischen Befreiungskriege zeitweise auch Paris besetzt hatten und in den Lokalen auf eher rüde Art („bystro, bystro!") nach rascher Bedienung verlangt haben sollen. In die Gegenrichtung gewandert, findet sich heute in Russland das schöne Wort „бутерброд/buterbrod", das in seiner neuen Heimat allerdings ein „belegtes Brot, Sandwich" meint.

Nun aber noch zum eigenwilligen Titel dieses Kapitels, der etwas irritieren mag. Nein, sie müssen nicht im Duden nachschauen, ob eine möglicherweise allerneueste Rechtschreibreform die Schreibung des Wortes mittlerweile so empfiehlt. Im Duden bleibt (vorerst) alles beim Alten. Der Grund ist ein anderer. Die Wiener Bäckereikette Ströck bediente sich der eben beschriebenen vermeintlichen Wiener Herkunft des französischen Gebäcks und bewarb ihr neues „Bio-Bagett" mit folgenden Worten: „Bio-Weizen aus Frankreich trifft auf Bio-Roggen aus dem Waldviertel, eine unglaublich knusprige Kruste auf eine offene, feinporige Krume. Das Bio-Bagett spielt alle Stückln. Und der Name? Tja, das Baguette stammt wahrscheinlich sowieso aus Wien, wir holen es zurück nach Hause und schreiben es gleich richtig."

Die 48er

Wienern und in Wien lebenden Menschen wird der Titel dieses Kapitels nicht besonders kryptisch erscheinen. Allen anderen sei gleich vorab mitgeteilt, dass es sich nicht etwa um eine historische Betrachtung der Revolutionäre von 1848 handelt. Weder derjenigen in Deutschland noch derjenigen in Österreich. Vielmehr ist es die liebevolle Bezeichnung für die Mitarbeiterinnen und Mitarbeiter der Wiener Magistratsabteilung 48, offiziell die „Magistratsabteilung für Abfallwirtschaft, Straßenreinigung und Fuhrpark". Diese hat sich im Laufe der Zeit hierzulande ein geradezu unfassbar positives Image für ihre Profession erarbeitet. Teilweise durch ihre tatsächlich beachtlichen Leistungen und ihren unermüdlichen Einsatz; teilweise durch die Ausnutzung jedes neuen technischen Fortschritts und jeder Nische der expandierenden sozialen Medien und individuellen Computerisierung; aber auch durch ein sehr offensives, originelles und sympathisches Marketing.

Doch schauen wir ein wenig zurück. Noch in den 1960er- und 1970er-Jahren war die Wiener Müllabfuhr genau das: eine Müllabfuhr. Ihre Angehörigen waren zwar schon damals als Beamte relativ gut bezahlt, dennoch waren sie vom Status her nicht viel mehr als die Nachfahren der Müllkutscher sowie der Miststierler. (Die wiederum – nämlich die „Im-Mist-herum-Sucher" – propagierten in gewisser Weise bereits den Recycling-Gedanken.) Doch dieses Image der damals noch *Coloniakübel*-Ausleerer Geheißenen wurde nach und nach – und vor allem nachhaltig – aufpoliert. Durch die auffälligen, orangefarbenen Dressen, durch das immer mehr zum Markenzeichen heranwachsende, auffällige Logo mit der stilisierten Zahl 48, durch die immer größer werdende Vielfalt an Aufgaben und Angeboten von Müllplätzen oder durch die zunehmende Bedeutung der Mülltrennung und deren positives Image.

Wobei gerade der Punkt Mülltrennung ein in Wien besonders wichtiger ist. Denn hier ergänzt sich für gelernte Wiener einiges auf das Schönste: Der Drang zur Sparsamkeit, der zumindest den älteren Bewohnern der Stadt immer noch innewohnt, mit der Kreativität und Innovationsfreude, aus irgendetwas irgendetwas anderes zu machen und, besonders wichtig, der Möglichkeit, sozialen Druck auf andere auszuüben, sollten sie den eigenen strengen Vorstellungen bezüglich der richtigen Entsorgung von Mist aller Art nicht gerecht werden. Möglicherweise finden sich diese Eigenschaften etwas anders gewichtet zwar auch in der Schweiz oder Deutschland (oder dem Rest von Österreich), aber gerade in Wien erreichen sie eine Balance aus Umwelt(sendungs)bewusstsein und Selbstgerechtigkeit, die ihresgleichen sucht.

Die zahlreichen öffentlichkeitswirksamen Mittel der MA 48 zur Verbesserung der Müllsituation Wiens und ihres Ansehens sind nicht anders als verblüffend beziehungsweise fantastisch zu nennen. Ein bis zwei davon würde ich sogar bedenkenlos in die Liste der veritablen Wunder von Wien aufnehmen. Wie etwa die begrünte Zentrale der Magistratsabteilung selbst. Deren Begrünung unterscheidet sich nämlich von der anderer Häuser. Nicht ihr Innenhof ist bepflanzt oder das Areal rundherum, es gibt auch keine grünen Balkone, Dachterrassen oder ein begrüntes Dach. Nein, das Haus selbst, also die Fassade des Hauses, ist begrünt, lebt also. Die Begrünung der gesamten Außenwand des Hauses der MA 48 gilt in der Stadt als Vorzeigeobjekt für die Anregung, auch andere Fassaden so zu gestalten. Die MA 22, Umweltschutz, hat sogar einen eigenen Leitfaden zur Fassadenbegrünung herausgebracht, in dessen Zentrum das Haus der 48er steht. Denn bei den grünen Wänden handelt es sich keineswegs einfach nur um irgendwelche Kletterpflanzen wie Efeu, sondern um eine Art „vertikale Wiese", bei der sich an der Außenwand Reihe um Reihe von Blumenkästen befinden (insgesamt 2.850 Laufmeter), welche die Fassade völlig bedecken. Der Folder der MA 22 beschreibt die Anlage wie folgt:

- Begrünungsmaßnahme erfolgt: 2011
- Pflanzenarten: umfassendes Sortiment aus Gräsern, Kräutern und Sedum
- System Grünwand/Dachgrün
- Pflegearbeiten: Düngebeigaben, allfällige Rückschnitte, Entfernen von Fremdvegetation
- Bewässerungsanlage
- Anlagengröße: ca. 800 m^2

  Besonderheit: Magistratsgebäude; mit 800 m^2 begrünter Fassade zählt die Anlage zu den größten Europas. Die Fassade wird von einem Expertenteam betreut, und es werden seitens der BOKU laufend Messdaten erhoben.

Die angepflanzten 17.000 Pflanzen gehören mehrheitlich zu folgenden Sorten: Immergrüne Schleifenblume, Blaugräser, Katzenminze, Federnelke, Gemeine Schafgarbe sowie Echter Thymian.

Die Begrünung trägt funktionell nicht nur zur Erhöhung der Sauerstoffproduktion der Stadt bei und bietet einen auf jeden Fall schöneren Anblick als die normale graue Betonfassade eines handelsüblichen Amtshauses, sondern hilft auch bei der Wärmedämmung und Klimatisierung des Gebäudes. Der sogenannte „Wärmedurchfluss“ wird gut um die Hälfte reduziert, womit sowohl im Winter Heizkosten als auch im Sommer Kosten für die Kühlung gespart werden. Dazu hat die lebende Wand des 48er-Hauses auch noch eine schallisolierende Wirkung. Was gerade an seinem Standort – Ecke Einsiedlergasse/Margareten Gürtel – kein schlechter Nebeneffekt ist. Denn, wie nicht nur Wiener wissen: Der Gürtel ist eine der meistbefahrenen Straßen Österreichs. Darüber hinaus ist das Ganze ein wissenschaftliches Forschungsprojekt, das – wir haben es bereits aus dem Foldertext erfahren – von der BOKU (Universität für Bodenkultur) betreut wird. Und dass die lebende Wand auch wechselnde optische Eindrücke schafft, nicht nur je nach Jahreszeit von grün bis braun, sondern auch durch ihre bunten Blüten, ist noch ein zusätzlicher Bonus.

Wer sich konkreter für das Projekt oder allgemein für die Möglichkeit der Fassadenbegrünung interessiert, kann den Leitfaden dafür unter dem (vielleicht nicht ganz überraschenden) Namen „Leitfaden Fassadenbegrünung“ im Internet auf wien.gv.at finden.

Die zweite Einrichtung der Wiener Müllsammler, die ich durchaus in den Bereich des Wunderbaren rücken würde, befindet sich im selben Gebäudekomplex wie die grüne Zentrale: Der „48er-Tandler“, Österreichs erster Müll-Supermarkt.

Nicht nur der Gedanke der Mülltrennung, sondern vor allem auch der des Recyclings wird ja in Wien und insbesondere durch die Magistratsabteilung 48 stets weitergeführt und -entwickelt. So herrscht auf den Wiener Müllplätzen nicht nur eine strenge Trennung von Metall, Styropor oder Holz, sondern seit einiger Zeit finden sich dort auch Ablagemöglichkeiten für Dinge, die eigentlich zu schade für den Müll sind. Auf eigens angebrachten Stellagen kann man etwa alte Ski, Radios oder Brettspiele deponieren, die sich der nächste Besucher gleich wieder mitnehmen kann oder die bei den regelmäßig veranstalteten Flohmärkten der MA 48 verkauft werden. Auf den Müllplätzen der Stadt finden sich oft auch alte, ausgediente Telefonzellen, die zu kleinen Büchereien ausgebaut sind. Dort kann man alte Bücher deponieren und/oder gratis mitnehmen. Die Flohmärkte haben bei den 48ern bereits Tradition, ebenso wie das jedes Jahr im Herbst stattfindende „Mistfest" mit Volksfestatmosphäre, bei dem es neben Essen und Trinken, musikalischer Unterhaltung, einem zu einem Kino umgebauten Müllwagen mit der Aufschrift „Mistwagenkino", diversen Spielmöglichkeiten für Kinder auch die Möglichkeit gibt, gebrauchte und weggeworfene Objekte günstig zu erwerben. Und um diesen Gedanken auf eine ganzjährige Basis zu stellen, wurde der „48er-Tandler" eröffnet. In einem ansprechenden und offen gestalteten Ambiente, das sich jederzeit mit einem Kaufhaus oder der Duty-Free-Zone eines Flughafens messen kann, finden sich Bücher, Kleidung und unzählige Gebrauchsgegenstände, fein säuberlich nach Kategorien geordnet, die alle drei Eigenschaften gemeinsam haben: Sie sind sauber und funktionsfähig, sie sind relativ billig und sie wurden alle irgendwann von jemanden weggeworfen oder gespendet. Denn jedes Jahr werden nicht weniger als 130.000 gebrauchsfähige Dinge bei den Wiener Mistplätzen abgegeben.

Zum dritten der drei Punkte gibt es allerdings zwei Ausnahmen: Wenige, ganz besondere Objekte werden vom Markt auch für einen geringen Betrag angekauft; und ein Teil des Sortiments stammt aus einer gänzlich anderen Quelle, es handelt sich dabei um niemals abgeholte Gegenstände des Wiener Fundservices. Wenn Sie also etwa zum Beispiel ihren Laptop verloren haben und einen billigen Ersatz suchen, kann es durchaus möglich sein, dass Sie ihn sich im Mist-Supermarkt kostengünstig zurückkaufen können. Sorry, kleiner Scherz. Die Einnahmen all dieser Aktivitäten und des Tandlermarkts kommen karitativen Zwecken zugute. So werden etwa das Obdachlosen-Betreuungszentrum Gruft, das Integrationshaus, der Verein e.motion (der sich um Therapien für traumatisierte Kinder kümmert) und das neueste Tierschutzhaus Wiens (das TierQuartier Wien) unterstützt. Geöffnet hat der Markt der MA48 von Mittwoch bis Samstag, von 10 bis 18 Uhr. Er findet sich in der Siebenbrunnenfeldgasse 3/Ecke Einsiedlergasse im fünften Wiener Gemeindebezirk. Übrigens wird hier, wie an den Mistplätzen auch, aus Wiener Biomüll gewonnene Blumenerde verkauft.

Manche Gegenstände des Marktes fallen in den Bereich „Upcycling“. Wie eine zum Sofa umgebaute Badewanne oder Sitzhocker aus Büchern (keine Sorge, oh ihr Bibliophilen, zweifellos aus Werken, die niemand mehr kaufen würde). Geschätzte 300 Tonnen Abfall werden auf diese Weise jährlich vermieden. Die weiteren Räumlichkeiten können auch von Schulklassen, Vereinen, Seniorengruppen und anderen Interessierten für Vorträge zum Thema Abfallvermeidung genutzt werden.

Der „48er-Tandler“ kann sogar mit einer eigenen Band aufwarten. Um das ganze Projekt zu promoten, wurde im Sommer 2014 von fünf Mitarbeitern die „48er-Tandler-Band“ gegründet. Wobei es vermutlich nicht besonders schwer war, für dieses Projekt geeignete Personen zu finden, da Österreicher in erstaunlichem Ausmaß nebenberuflich – oder zumindest als Hobby – irgendeiner künstlerischen Betätigung nachgehen.

Das Video mit Gastauftritten von Prominenten wie Bürgermeister Michael Häupl, Umweltstadträtin Ulli Sima, Ex-Fußballer und Fußball-Kommentator Herbert Prohaska, Kabarettist Alfred Dorfer, „Science Buster" und Leiter des Wiener Planetariums Werner Gruber sowie Alt-Rocker Willi Resetarits ist auf YouTube unter dem Titel „Der 48er-Tandler von Wien" jederzeit zu besichtigen. Es ist schon allein deswegen sehenswert, weil darin das symbolhafte Orange der Müllfahrer auf vielfache und originelle Art optisch eingesetzt wird. Außerdem dürfte der Teil mit der Band offenbar im Rinter-Zelt gefilmt worden sein, das für ein etwas weniger rühmliches Kapitel der Wiener Abfallgeschichte steht. (Siehe das Kapitel „Ziegen auf dem Müllberg" in „Kurioses Wien".) Als Statisten und Publikum sind im Video Hunderte Mitarbeiter und Mitarbeiterinnen der MA 48 zu sehen, die natürlich gratis mitgewirkt haben. Die MA 48 bezeichnet das als „optimale Ressourcennutzung – (fast) alles aus dem eigenen Haus".

Das Lied gibt es auch auf Audio-CD und das Video auf DVD inklusive Booklet im 48er-Tandler bei den 48er-Fanartikeln zu kaufen. Ja, Sie haben richtig gelesen, Fanartikel. Denn auch das zeichnet die MA 48 weit vor allen anderen Magistratsabteilungen der Stadt Wien und auch vor vielen privaten Unternehmen aus: Ihre PR-Maschinerie ist unfassbar gut. Neben dem bereits erwähnten auffälligen Logo gibt es auch gezeichnete Cartoon-Maskottchen, wie einen adretten Müllmann oder ein grünes Müllmonster, dem stets eine geöffnete Dose aus dem Kopf ragt. Alle diese Markenzeichen finden sich nicht nur in der Bewerbung im öffentlichen Raum, sondern auch auf Taschen, T-Shirts und auf vielen anderen Objekten, die zum Beispiel bei den Mistfesten der MA 48 zu kaufen oder bei Tombolas zu gewinnen sind sowie auch bei fast jeder anderen größeren öffentlichen Veranstaltung in Wien (diverse Stadtfeste), bei denen sich auch die Müllmänner und -frauen stolz mit ihren Waren und Leistungen präsentieren.

Natürlich immer verbunden mit einer Vielzahl von Broschüren zum richtigen Umgang mit Abfall und Mist.

Wie schon erwähnt, geht die MA 48 auch bei der Müll-Edukation der Bevölkerung stets innovative Wege. Sei es im Internet, sei es mit einer Facebook-Seite (aktuell 12.000 Fans) oder einer Handy-App, die nicht nur über Standorte von Recyclingbehältern und Öffnungszeiten von Mistplätzen informiert, sondern auch zahlreiche andere Features eingebaut hat. Wie etwa ein Erinnerungsservice für die „mobilen Sondermüllsammelstellen". Denn da nicht jeder mit seinem Altöl oder kaputten Elektronikgegenstand zu einem der Müllplätze anreisen kann oder will, kommt monatlich ein kleiner Bus zu bestimmten Plätzen in ganz Wien, die von jedem Bewohner der Stadt einigermaßen gut zu erreichen sind. Dort können dann auch alte Medikamente, alte Batterien und andere Problemstoffe abgegeben werden. Der Schreiber dieser Zeilen ist zum Beispiel selbst ein fleißiger Nutzer all dieser Recyclingmöglichkeiten, was unter anderem dazu führt, dass in seinem Haushalt der Restmüll so gering ist, dass er (sollte nicht Olfaktorisches dagegensprechen) seltener als einmal die Woche in die Mülltonne gekippt werden muss.

Auch die Abgabestellen von Hundekot-Sackerln finden sich auf dieser App. Apropos: Diese Sackerln sind eine wahrhaft fantastische Lösung des alle Großstädte der Welt betreffenden Hundekotproblems. Denn die Kombination aus der flächendeckenden – und kostenlosen! – Abgabe von Kot-Sackerln mit dem bereits erwähnten Gefühl, etwas für die Umwelt zu tun, und dem ebenso starken sozialen Druck, hinter seinem Liebling aufzuräumen, hat das Hundekot-Problem in Wien so gut wie verschwinden lassen.

Die Hundekot-Sackerln sind auch immer wieder mit neuen und originellen Anweisungen oder Botschaften bedruckt. Der Behübschungs-Star ist seit einiger Zeit ein Sackerl mit einer aufgedruckten, vierteiligen Anleitung in Cartoon-Form. Zu sehen ist erstens ein gezeichneter Hundehaufen, zweitens eine Hand im Plastiksackerl, die danach greift, drittens eine Hand, die den nunmehr verpackten Kot transportiert, und viertens ein Müllbehälter, in den der Sack geworfen wird. Die Bilder haben auch jeweils eine Bildunterschrift und zwar: 1. GACK 2. SACK 3. PACK 4. ZACK! Darunter befindet sich noch ein freundliches „Danke!".

Es ist unter anderem solch originelle und witzige verbale Kommunikation, welche die PR der MA 48 so erfolgreich und die Müllabfuhr den Wienern so sympathisch macht. Dabei bedienen sich die hellen Köpfe hinter den Kampagnen eines Mittels, das bis vor einigen Jahren im deutschen Sprachraum so gut wie unbekannt war oder zumindest selten genutzt wurde: Wortwitz.

Wortspiele und schlechte Wortwitze (unter Connaisseurs des schlechten Humors auch als Kalauer bekannt) gehören seit Jahrzehnten zum verlässlichen Begleiter fast aller englischen Werbekampagnen. Dort heißen Sprachwitze „puns" und man kann ihnen nicht entgehen – sei es in der Bierwerbung, der Werbung des öffentlichen Verkehrs oder auch der politischen Werbung. Manchmal sind die Wortspiele schlagkräftig oder schlagfertig, manchmal verblüffend und originell und manchmal einfach nur schmerzhaft. Denn zwischen „puns" und „pains" liegt nur eine kleine Lautverschiebung.

Seit einigen Jahren steigert zwar auch die deutschsprachige Werbung ihre Investitionen in einschlägigen schrägen Humor, aber er ist noch immer nicht so verbreitet wie in Großbritannien.

Die MA 48 dagegen bedient sich der Wortwitze und Kalauer neben Reimen und originellen Einzeilern schon seit langem – mit einer unglaublichen Vehemenz und Verve. Man findet die Sprüche auf Plakaten, auf den Fahrzeugen der Flotte sowie auf jedem einzelnen Mistkübel. Die Beispiele sind Legion.

So wurde die Applikation für Mobiltelefone mit der Ankündigung „*Kein Dreck: 48er App*" beworben, auf den Schaufeln der Schneefahrzeuge finden sich Sprüche wie: „*Doppelklinge*", „*Wien ist cool*" und „*Wiener Snowboard*". Straßenkehrfahrzeuge sind mit „*We kehr for you*" bedruckt, es gibt ein Abzeichen der „*Müll-Spezialeinheit: Kehr Force*" und einige Autos mit der Aufschrift „*Waste Watcher*". Es gibt Streubehälter, auf denen steht „*Boxenstopp*". Und Aufforderungen an die Bevölkerung: „*Bau keinen Mist*" oder zu Wahlkampfzeiten an Presse und Politiker gerichtet: *„Bitte keine Schmutzkübelkampagne"*. Auf mobilen Klos, die bei Open Air-Events aufgestellt werden, finden sich folgende Sprüche: *„Sitting Ovations"*, *„Nur keine Zurückhaltung"* oder *„Zum Austreten bitte eintreten"*. Auf den Autos der mobilen Mistplätze steht *„Problemstoffe on tour"*. Auf den eigenen, besonders strapazierfähigen Tragetaschen, welche die MA 48 zum Zweck der Mülltrennung verschenkt oder verkauft, prangt unter anderen der – auf den Inhalt bezogene – Slogan *„I'll be back"*. Die Annahme von Altwaren auf den Mistplätzen wird mit *„Zeig uns, was du hast!"*, *„Bring uns dein bestes Stück!"* oder *„Gib's uns! Aber ordentlich!"* beworben.

Und jeder Wiener Mistkübel grüßt mit einer immer wieder neuen Botschaft, zum Beispiel *„Einwurf"*, *„Volltreffer"*, *„Ihre Papiere bitte"*, *„Tag- und Nacht aktiv"*, *„Bin für jeden Dreck zu haben"*, *„Für Sie rund um die Uhr geöffnet"*, *„48er-Blech, bitte füttern!"* (eine Anspielung auf die auch als 16er-Blech bekannten Bierdosen der im 16. Wiener Gemeindebezirk beheimateten Firma Ottakringer), *„Ganz Wien bleibt clean"*, *„Gibt meinem Hängen einen Sinn"*, *„Schau net weg, hau eine dein' Dreck!"*, *„Mist für mich, Lob für dich"*, *„Gebaut nach dem Reinheitsgebot von 2013"*, *„Brauche mehr Input"*, *„Hier Gratiseinwurf"*, *„Bin ned haglich"*, *„Mir kannst du alles anvertrauen"*, *„Ein echter Wiener geht im Müll nicht unter"* oder, quasi selbstbezüglich, *„Versenkt die Wuchtl"*.

Ähnliche Sprüche, teilweise sogar wortident, finden sich inzwischen auch andernorts, etwa bei der Berliner Müllabfuhr. Der Verdacht des Ideenklaus liegt nahe, über diesen soll aber im Dienste der guten Sache gnädig hinweggesehen werden. Ab und zu gibt es auch Sprüchewettbewerbe, die von den Mülleimern selbst auf Plakaten mit den Worten *„Schreib mir was auf den Leib"* und *„Gesucht: Sprüche, die für den Kübel sind"* beworben werden. An solchen Aktionen beteiligt sich die Bevölkerung dann mit

Freuden und in großer Zahl, dennoch hieß es zuletzt, dass gut die Hälfte der Siegersprüche aus den eigenen Reihen der Mitarbeiter der Wiener Müllabfuhr stammen! Was den Verdacht nährt, dass diese Leute tatsächlich ein humoriges Völkchen sind.

Während der Abhaltung des Eurovision Song Contests in Wien wurden unter dem Motto *„Wir ziehen andere Seiten auf"* die Mistkübel extra und temporär mit *„Das Publikum gibt mir alles"*, *„Beifall für den Abfall"* und *„Zeit für Gefülle"* beschriftet. Weiters locken jedes Jahr zur Weihnachtszeit, genauer gesagt nach der Heiligen Nacht, an vielen Ecken Wiens Orte, die speziell für die Entsorgung der nunmehr gebrauchten Christbäume vorgesehen sind, mit der tausendfach von Kindern nachgeplapperten Aufschrift *„Ohne Lametta wäre netter"*. Der Grund für diese Aufforderung ist übrigens nicht nur die Tatsache, dass ein Teil der Wiener Tannenbäume später im Schönbrunner Zoo an die Elefanten verfüttert wird, sondern auch der Umstand, dass Aluminium in den Müllverbrennungsanlagen zur Gewinnung von Fernwärme eine unliebsame und giftige Zutat ist.

Ungeschlagen wienerisch ist jedenfalls jener Spruch, der auf den als große Metall-Zigaretten gestalteten Aschenbechern prangt, die mittlerweile in jeden Mistkübel eingebaut sind. Dieser fordert die ihrer Sucht frönenden Passanten mit einem klassischen Schnorrer-Sager auf, ihre Zigaretten-Reste hier zu entsorgen: nämlich mit den Worten: *„Host an Tschick?"*

Die MA 48 sponsert auch einen Eishockeyclub, der in orangefarbenen Dressen mit im Stil des 48er-Logos gehaltenen Rückennummern ausläuft. Der „EHC IRONHAWKS" wurde 1996 als Hobby-Eishockeyverein der Betriebsmannschaft der MA 48 gegründet. Auf der Montur der Spieler ist übrigens auch noch das Wiener Müllmonster zu sehen. Folgerichtig heißt die Mannschaft mittlerweile auch „Die 48er Monsters".

Die Helden am Platz

Aufgrund seiner, nun ja, wechselvollen Geschichte steht der Wiener Heldenplatz immer wieder im Blickpunkt kritischer Betrachtungen. Sogar die Umbenennung in etwas weniger Martialisches wird öfters gefordert. Nur wenige wissen, dass die Benennung des Platzes, der davor einfach Äußerer Burgplatz genannt wurde, nicht auf irgendwelche beliebigen schlachtenden Soldaten oder Heerführer im Dienste des Monarchen zurückgeht, sondern konkret auf zwei Herren verweist, die sich jeweils im Mittelpunkt der zwei Halbkreise aus Gebäuden befinden (sollten), die den Platz (nach ursprünglichen Plänen) umschließen (sollten). Die eine Hälfte, also die nunmehrige Nationalbibliothek, wurde zwar fertiggestellt, die andere Hälfte allerdings nie. Wie auch der Rest eines größer gedachten Komplexes, der bis zum heutigen Museumsquartier reichen sollte und den Arbeitstitel „Kaiserforum" trug. Aus jetziger Sicht ist es eigentlich ein Glück, dass der zweite Halbkreis nicht fertiggestellt wurde, weil man so nun vom Platz aus einen freien und sensationellen Blick über den Volksgarten hin zum Parlament und Wiener Rathaus hat.

Temporär entsteht der zweite Gebäudekomplex nun aber doch: Weil das Parlament in den nächsten Jahren umgebaut werden muss, übersiedeln die Parlamentarier teilweise und vorübergehend in eine Art Containersiedlung, bestehend aus zwei mehrstöckigen Übergangsgebäuden. Nachdem man in Wien allerdings schon reichlich Erfahrung damit hat, dass nichts so beständig ist wie ein Provisorium, bleibt es abzuwarten, ob die beiden Regierungsbaracken jemals wieder verschwinden werden.

Doch zurück zu den beiden Herren. Es handelt sich konkret um zwei Reiterstandbilder, nämlich um die von Erzherzog Karl und Prinz Eugen. Errichtet wurden sie schon 1859 beziehungsweise 1865. Und wegen dieser beiden Herren zu Pferde erhielt der Platz rund um sie herum 1878 den neuen Namen Heldenplatz. Der Bau der umschließenden Gebäude wurde vom Kaiser erst 1881 genehmigt und die Errichtung der einen Hälfte dauerte bis nach dem Ende der Monarchie, 1923. Nun gut.

Der eigentliche Grund für dieses Kapitel liegt aber in der Besonderheit der Erzherzog Karl-Reiterstatue (genauer: Erzherzog Karl Ludwig Johann Joseph Laurentius von Österreich, Herzog von Teschen). Bei deren Konzeption und Bau hat sich ihr Schöpfer Anton Dominik Fernkorn, von dem übrigens auch der berühmte Löwe von Aspern stammt, der ebenfalls auf einem Heldenplatz steht, allerdings am Asperner Heldenplatz, selbst übertroffen. Denn die aus Metall gefertigte zwanzig Tonnen schwere Statue ruht ausbalanciert auf nur zwei Punkten: nämlich den beiden Hinterläufen des sich aufbäumenden Pferdes! Und nachdem Pferde über extrem dünne Beine und kleine Hufe im Verhältnis zu ihrem massigen Körper verfügen, kann man sich vorstellen, dass diese Standfläche nur wenige Quadratzentimeter umfasst, aber dafür Enormes zu tragen hat. Und diese Leistung gilt bis heute als ein technisches Wunderwerk, ja, darüber hinaus als weltweite

Seltenheit. Bei meiner intensiven Recherche ist mir tatsächlich kein zweites derartiges Standbild untergekommen. (Sollte jemand noch eines kennen, ersuche ich um sachdienliche Hinweise.)

Denn bei allen anderen Reiterstatuen wurde immer mehr oder weniger geschummelt. Werden die Pferde stehend oder gehend dargestellt, ruht das ganze Gewicht sowieso gut verteilt auf drei oder vier Beinen. Anders bei den spektakuläreren Standbildern: Zwar stehen die sich unter ihrem Reiter aufbäumenden Pferde auch bei anderen Skulpturen oft nur auf den Hinterläufen, aber wenn man genau schaut, erkennt man diverse Tricks, die mindestens einen dritten Ankerpunkt bieten. Manchmal hält der Reiter eine Flagge in der Hand, deren Fahnenstange den Boden berührt (und somit zusätzliche Stütze bietet), oft touchiert der Schweif des Pferdes wie zufällig und unbeabsichtigt den Boden (tut dies allerdings nur aus Gründen der Stabilität) und manchmal waren die Künstler noch weitaus weniger subtil und ließen etwa einen zufällig dort stehenden Baumstumpf in den Bauch des Pferdes ragen. Gelegentlich steht auch ein Knappe hilfreich (nämlich tatsächlich statisch hilfreich) zur Seite oder eine zu bekämpfende Bestie, etwa ein Drache, wie bei Darstellungen des Heiligen Georgs, verbeißt sich in ein Bein des Pferdes und gibt so dem Gesamtwerk zusätzliche Stütze. Alle diese Tricks finden sich übrigens auch bei stehenden Pferden, da die Verteilung des Gewichts von Pferd wie Reiter tatsächlich eine verdammt schwierige Angelegenheit ist.

Sogar Fernkorn selbst konnte sein Meisterwerk nicht wiederholen. Vielleicht lag das aber auch daran, dass er beim nächsten Standbild zwar für den Entwurf verantwortlich war, die Ausführung der Prinz Eugen-Statue jedoch von seinem Schüler Franz Pönninger übernommen wurde. Jedenfalls kam bei der Darstellung von Prinz Eugen zu Pferde der oben beschriebene Schweif-Trick zur Anwendung. Und wie sehr die ganze Angelegenheit, der Stress und der Druck an seinen Nerven gezerrt haben müssen, zeigt sich wohl am besten in der Tatsache, dass er noch vor der Fertigstellung der zweiten Statue unter ärztliche Aufsicht gestellt wurde und schließlich den Rest seines Lebens in einer Irrenanstalt („Private Heilanstalt für Gemüths- und Nervenkranke“ in Oberdöbling) verbrachte. Zwar besserte sich sein Zustand und er konnte die Anstalt immer wieder, vor allem für den Zweck des Besuchs kultureller Events, verlassen, aber er starb dennoch in der Obhut der Institution. Das war im Jahr 1878, dem selben Jahr, in dem der Platz rund um seine Meisterwerke aufgrund seiner Meisterwerke umbenannt wurde.

Wien hatte vor diesen beiden Arbeiten in Sachen Kunstgießerei von Statuen nicht viel zu bieten. Erst Fernkorn baute in einer alten kaiserlichen Kanonengießerei (in der Gußhausstraße, daher stammt auch der Name) eine entsprechende leistungsfähige Werkstätte, eine sogenannte Bildgießerei, in welcher es möglich war, diese Art von Metallstatuen zu gestalten. Das hatte weitreichende Folgen. Denn durch die Errichtung des „Fernkornschen Erzgußhauses“ wurde es nun möglich, die Ringstraße und andere Teile Wiens mit vielen weiteren erzenen Statuen zu schmücken. Was wir heute als kulturellen Schatz und Vorzeigeobjekte ansehen, erhielt zeitgenössisch einen ganz anderen Namen. Den damals sprach man schlicht von der „Denkmalpest“. Der Begriff geht auf den österreichischen Schriftsteller Ferdinand Kürnberger zurück, der ihn bereits 1872 prägte. Außerdem warf Kürnberger den Auftraggebern und Künstlern übermäßigen Ehrgeiz vor. Oder, genauer gesagt, „Selbstbedenkmalungsarroganz“.

Filmmusik

Dass Wien eine Metropole der Musik war und ist, ist mehr als ein Klischee. Die Stadt zog als kaiserliche Residenz und Hauptstadt eines riesigen Vielvölkerstaates naturgemäß alle Arten von Menschen an, darunter auch viele Künstler, die in einer großen Stadt natürlich eindeutig mehr Verdienstmöglichkeiten hatten als irgendwo am Land. (Außer sie wurden dort, auf dem Land, von einem Fürsten exklusiv ausgehalten.) Die große Zeit Wiens als eine der Musikhauptstädte der Welt endete auch nicht mit dem Ende der Monarchie. Wovon unter anderem die silberne Zeit der Operette Zeugnis ablegt oder die Fortführung verschiedener Traditionen, sei es Wienerlied oder klassische Musik (Stichwort Zwölftonmusik), die bis heute anhält. Allerdings gab es auch im Bereich der Musik vor und während des Zweiten Weltkriegs einen gehörigen Brain-Drain. Denn viele Komponisten, Musikerinnen und Musiker waren Juden oder jüdischer Abstammung. Manchen gelang die Flucht aus Nazi-Österreich, viele wurden in Konzentrationslagern umgebracht. Einige emigrierten nach England, andere nach Südamerika, wie etwa Hermann Leopoldi, der allerdings bald nach dem Krieg wieder zurückkehrte, viele in die USA. Die meisten blieben dann – aus vielfältigen Gründen, zu denen auch schlicht die Angst vor der Rückkehr gehörte – dort, wohin es sie verschlagen hatte.

Die Einbindung in die jeweils lokale musikalische Szene war für die immigrierten Musiker vielfältig und ist auf mehreren Ebenen spannend. Besonders was die USA betrifft. Manche, wie Schönberg, blieben ihrer Musik hier treu und machten es sich damit nicht einfach. Andere folgten fortan der leichten Muse des Broadways oder integrierten sich anderweitig musikalisch.

Manche verschlug es nach Hollywood. Und dieser Umstand sollte die Musikgeschichte nachdrücklich beeinflussen. Denn man kann mit Fug und Recht behaupten, dass die Filmmusik Hollywoods und damit im Endeffekt die internationale Filmmusik eine österreichische und zum guten Teil Wiener Erfindung ist! Der Einfluss von Österreichern im Hollywood der Zwischenkriegszeit ist sowieso beachtlich. Man denke nur an Regisseure wie Billy Wilder oder Schauspieler und Schauspielerinnen wie Hedy Lamarr. Und dann waren da noch die Komponisten.

Im Zentrum des ersten Teils dieser Geschichte steht Erich Wolfgang Korngold. Der Komponist, der hierzulande vor allem wegen seiner Oper „Die tote Stadt" bekannt ist, kam auf Einladung von Max Reinhardt 1934 nach Hollywood, um ihm bei der Vertonung seines Filmes „A Midsummer Night's Dream" zu helfen. Grundlage dafür sollte die Musik von Mendelssohn sein. Aber dabei beließ es Korngold nicht. Er griff in die Regie, Dramaturgie, ja sogar ins Drehbuch des Films ein, um die Musik zu einem integralen Bestandteil der Handlung zu machen, sie sozusagen als Mitwirkende zu etablieren. Er bearbeitete Mendelssohns Musik, komponierte sie teilweise neu und passte Bild und Ton so lange aneinander an, bis ein nicht mehr zu trennendes Gesamtkunstwerk entstand. Der Film selbst wurde kein großer Erfolg, die Musik aber wurde allseits bejubelt. Korngold blieb in Hollywood und schrieb weitere Filmmusiken, was ihm bereits 1936 einen Oscar (für den Film „Anthony Adverse") einbrachte. Schon zwei Jahre später erhielt er einen zweiten (für „Adventures of Robin Hood"). Zum Zeitpunkt der Okkupation Österreichs durch Hitler-Deutschland arbeitete er gerade in Hollywood an der Musik zu „Robin Hood". Bis 1946 schrieb er für nicht weniger als 19 Filme den Soundtrack. Zwar wandte er sich danach wieder der klassischen Musik zu, aber sein Einfluss auf die Entstehung und Entwicklung der Filmmusik, wie wir sie heute kennen, ist nachhaltig bis zum heutigen Tag.

Korngold war allerdings nicht der einzige, ja nicht einmal der erste Österreicher, der die amerikanische und somit die Filmmusik der Welt nachhaltig beeinflusste. Ein anderer, in diesem Fall sogar ein geborener Wiener, gilt in den USA sogar bis heute als „Vater der Filmmusik". Die Rede ist von Max Steiner. 1888 in Wien geboren, stammte Steiner aus einer Theaterfamilie. Sein Vater und sein Großvater waren Theaterdirektoren gewesen. Steiner galt schon als Kind als hochbegabt und debütierte bereits im Alter von 15 Jahren mit der selbst komponierten Operette „Die schöne Griechin". Seine Lehrer waren unter anderen Gustav Mahler und Richard Strauss. Letzterer war sogar sein Taufpate. Seine weitere musikalische Karriere führte ihn auch bald ins Ausland. Zuerst lebte und arbeitete er in London, dann in New York am Broadway, bevor er schließlich 1929 nach Hollywood kam. Seine erste Filmmusik schrieb er bereits 1931 für „Pioniere des wilden Westens". 1933 schaffte er schließlich den Durchbruch mit der Musik für „King Kong und die weiße Frau", einer seiner bekanntesten Scores. Mit diesem Film schrieb er Filmgeschichte, da er erstmals nicht nur stumme Szenen, sondern auch Dialoge mit

KING KONG
UND DIE
WEISSE FRAU

Musik unterlegte. – Ein seit damals probates Mittel, um die emotionale Stimmung in der Szene zu unterstreichen. Es folgten Soundtracks für Dutzende weitere Filme. Steiner, der als äußerst schneller Arbeiter galt, war bis 1965 als Komponist von Filmscores aktiv und erhielt in dieser Zeit nicht weniger als drei Oscars und insgesamt 24 (!) Oscarnominierungen. Zu den berühmtesten Filmen, die Steiner musikalisch untermalte, gehören „Casablanca" und „Vom Winde verweht". Bei letzterem setzte er erstmals eine aus der Oper entlehnte Technik ein, das sogenannte Leitmotiv, indem er Szenen einzelner Personen und bestimmte Schauplätze mit eigenen wiederkehrenden musikalischen Themen unterlegte. Auch das ist eine Technik, die bis heute prominent angewendet wird. Man denke nur an den „Imperial March" oder „Princess Leias Theme" in „Star Wars". Außerdem wird diese musikalische Technik auch schon seit einigen Jahrzehnten in den Scores zu Videospielen verwendet – übrigens ein durchaus ernst zu nehmendes eigenes musikalisches Genre, das immer mehr an künstlerischer Bedeutung gewinnt. So gab es in den letzten Jahren nicht nur großen Filmen und Filmkomponisten, wie Ennio Morricone oder John Williams, gewidmete konzertante Aufführungen von Filmmusiken, sondern auch solche, die eine Hommage an Videospiel-Soundtracks, etwa der aus der Spieleserie „The Legend of Zelda", waren. Wenn man so will, könnte man Max Steiner also auch als den „Vater der Videospielmusik" titulieren.

Das Leitmotiv, auf Englisch übrigens „leitmotif" genannt, war nicht die einzige Innovation, die Steiner in Hollywood etablierte. Auf ihn gehen auch die für die Synchronisierung zwischen Bild und Musik wichtigen „Click Tracks" zurück und das sogenannte „Mickey Mousing". Beim letzteren handelt es sich um die punktgenaue Abstimmung zwischen den Geschehnissen auf der Leinwand und der begleitenden Musik. Der Name bezieht sich darauf, dass die enge Synchronisation zwischen den bildlichen Geschehnissen und der begleitenden Akustik gerade bei Trickfilmen eine besondere Rolle spielt. Zum ersten Mal verwendete Steiner diese Technik in „King Kong“, etwa bei einem Crescendo, während Kong das Empire State Building erklimmt, und beim Einsatz von Bassinstrumenten, die die Schritte eines Indianerhäuptlings synchron vertonten. Max Steiner gilt bis heute als einer der großen alten Männer der kalifornischen Filmindustrie. Er starb mit 83 Jahren in Hollywood und hat dort auch einen Stern auf dem „Walk of Fame“.

Apropos Hollywood, Cartoon, Musik und Wien: In ihrem 75. Kurzfilm „Johann Mouse“ treten Tom und Jerry, die in diesem Film im Haus von Johann Strauß im kaiserlichen Wien wohnen, zu einem Klavierwettstreit an. Der Film ist für amerikanische Cartoon-Verhältnisse erstaunlich historisch akkurat und enthält Sequenzen aus dem Donauwalzer, dem Kaiserwalzer und der Tritsch-Tratsch-Polka. Die Animatoren machten sich dabei die Arbeit und den Spaß, die beiden Figuren zeitweise sogar die richtigen, zur Musik passenden Tasten am Klavier anschlagen zu lassen. In diesem Fall wohl ein Fall von „Jerry Mousing“.

Konsumtempel

Bleiben wir in der USA, bei Emigration und Erfindung. Nicht nur die Filmmusik, sondern auch noch etwas anderes, für die USA besonders Typisches wurde, man lese und staune, von einem Wiener erfunden: die Shopping Mall! Das ist kein Gerücht, sondern historische Tatsache. Der Stadtplaner und Architekt Victor Gruen, eigentlich Victor David Grünbaum, errichtete 1956, in Fortführung seiner architektonischen Konzepte für ein modernes urbanes Leben, in Minneapolis das weltweit erste in einem einzigen Gebäude integrierte Einkaufszentrum. Es trug den Namen „Southdale Center“. Die Idee war so unmittelbar erfolgreich und bei den US-Amerikanern so beliebt, dass in kürzester Zeit im ganzen Land weitere Einkaufszentren aus dem Boden schossen. Heute gibt es in den USA die meisten (nämlich 43.000) und auch die größten Einkaufszentren der Welt. Und das Konzept wurde von dort aus weltweit exportiert. Nicht zuletzt nach Österreich und Wien. Womit sich gewissermaßen ein Kreis schließt.

Hier in Wien hat Victor Gruen ebenfalls deutliche Spuren hinterlassen. Denn nach dem Krieg besuchte er öfters seine Geburts-

stadt und arbeitete auch hier. Und so geht die Errichtung der Fußgängerzone in der Kärntner Straße auch auf seine Initiative zurück. Bekannt wurde er damals mit dem Spruch „Autos kaufen nichts".

Auch die in Deutschland massenweise entstandenen Fußgängerzonen der 70er- und 80er-Jahre, heute gibt es praktisch keine deutsche (Kleinst-)Stadt ohne eine solche, sind vom Vorbild Victor Gruens und auch Wiens beeinflusst. Die Stadt Wien aber, und Österreich generell, hat Gruen seine Rückkehr aus der Emigration nicht gedankt. 1967 wurde er vor Gericht gestellt. Auf Betreiben der Wiener Architektenkammer wurde ihm der Titel „Architekt" offiziell aberkannt. Die Begründung dafür war nicht nur absurd, sondern geradezu skandalös. Sein Titel wurde ihm entzogen, weil er es 1938 verabsäumt hatte, sein Studium im damals schon nationalsozialistischen Wien offiziell abzuschließen.

Erst 30 Jahre nach seinem Tod, im Jahr 2010, wurde er in gewisser Weise rehabilitiert, als ihm die Architektenkammer als symbolische Geste der Wiedergutmachung postum die Ehrenmitgliedschaft verlieh.

Wien, harmonikalisch mal zwei

Einer der zahllosen Euphemismen, die die Hauptstadt Österreichs beschreibt, lautet, Wien sei „die Stadt der Geigen". Das verweist natürlich sowohl auf die große Opern- und Operettentradition als auch auf die Walzermelodien, insbesondere der Strauß-Dynastie, die allesamt ohne die hohe Kunst der Fiedelei kaum denkbar wären. Wenn man ein weiteres Instrument mit der Stadt verbinden wollte, wäre es vermutlich das Klavier. Viele Klaviervirtuosen lebten, wenn schon nicht hier geboren, in Wien, viele der bedeutendsten Klavierwerke der Konzertliteratur, vor allem von Beethoven, entstanden in Wien. Auch die Gitarre kann man durchaus mit der Stadt verbinden: zum einen in ihrer speziellen zweihälsigen Form, der für den heurigenmusikalischen Einsatz gedachten Kontragitarre, auch Schrammelgitarre genannt, zum anderen als hauptsächliches Begleitinstrument von Liedermachern und Austropoppern. Nimmt man noch die Filmmusik aus „Der dritte Mann" heran, wäre auch eine gewisse Affinität zur Zither denkbar.

Es gibt aber zwei Instrumente, denen man eine nahe Verwandtschaft zur Stadt Wien nicht unbedingt auf den ersten Blick ansieht. Oder diese auch nur vermuten würde. Beide enden auf -harmonika.

Und während die Ziehharmonika, wenn auch gemeinhin etwas rustikaler verortet, zumindest auch in der Heurigenmusik ihr lebendiges Dasein pflegt, verbindet man mit der Mundharmonika nicht wirklich die Wienerstadt.

Dennoch, der geneigte Leser wird es bereits geahnt haben, beide Instrumente wurden in Wien erfunden.

Was die Mundharmonika betrifft, liegt ihr ganz genauer Ursprung etwas im Dunkeln. Was auch in der Tatsache begründet liegt, dass man anfangs mit dem Namen Mundharmonika auch noch das – viel ältere – volkstümliche Instrument der Maultrommel (in Teilen Österreichs und Bayerns auch als Fotz[en]hobel bekannt) bezeichnete. Technisch gesehen beruht die Mundharmonika auf der Weiterentwicklung der „durchschlagenden Stimmzunge". Die kam Ende des 18. Jahrhunderts auf und wurde vielfach verwendet, etwa auch bei den ersten Versuchen der Herstellung eines sprechenden Apparats. Diese Entwicklungen gingen direkt oder indirekt auf chinesische Instrumente wie der „Sheng" zurück, die als ältestes Vorläuferinstrument aller Harmonikainstrumente gilt und bereits vor etwa 3.000 Jahren erfunden wurde. Eine Metallzunge dürfte dabei schon vor 2.800 Jahren verwendet worden sein.

Wie auch immer, um die Wende vom 18. zum 19. Jahrhundert hätten mehrere Instrumentenmacher und Orgelbauer die Möglichkeit gehabt, aus den vorhandenen Materialien so etwas wie eine Mundharmonika zu fertigen. Wer das nun genau zum ersten Mal gemacht hat oder ob es sogar mehrere parallele Erfindungen gab, lässt sich heute nicht mehr genau feststellen. Tatsächlich aber taucht bei allen wichtigen Schritten zur Entwicklung, Weiterentwicklung und Verbreitung des Instruments immer wieder Wien als zentraler Schauplatz auf. So findet sich der Begriff Mundharmonika erstmals 1820 in Zusammenhang mit dem Heiligenstädter Johannes Weinrich, der das Instrument vermutlich erfunden und als erster Mensch öffentlich (virtuos) gespielt hat. Belegt ist auch, dass der Wiener Spieluhrenfabrikant Anton Reinlein 1824 das Patent für die Verbesserung der Handharmonika und das Recht, diese herzustellen, verliehen bekam und daraufhin 1825 die Produktion von Musikinstrumenten aufnahm. Ab da nannte er sich auch „bürgerlicher Spieluhrenfabrikant und Mundharmonikaerzeuger". Für diesen Zeitraum sind die Verkäufe der ersten Mundharmonikas in Wien belegt. Ein weiterer Beleg ist eine explizite Erwähnung in Verbindung mit Anton Reinleins Firma in einer „Anzeige für Musikfreunde" in der „Wiener Zeitung" im Jahr 1828. Denn bei der Vorführung von diversen Musikgeräten der Firma (in der Nähe vom Theater an der Wien) wäre folgendes zu bestaunen gewesen: „Eine von ihnen neu erfundene Art Mund-Harmonika von zwey Oktaven, worauf man nicht nur allein Accorde, sondern alles Beliebige vortragen kann." Erhalten ist auch eine Wiener Gewerbeberechtigung aus dem Jahre 1829, vergeben an einen Jakob Kissling, in der erstmals direkt das Wort Mundharmonika vorkommt.

Jedenfalls wurde die Mundharmonika bereits ab dem ersten Drittel des Jahrzehnts zum Modeartikel. Für das Jahr 1827 wird der (hochgerechnete) Verkauf von 500.000 Stück angenommen, wie ein Artikel der „Wochenschrift des österreichischen Gewerbevereins" aus dem Jahre 1840 berichtet. Das Instrument wird dabei wenig schmeichelhaft als „Ohrenquäler" bezeichnet. Trotzdem begann sich die Mundharmonika schon von Anfang/Mitte der 1820er-Jahre an zumindest über den ganzen deutschen Sprachraum – wenn nicht sogar bereits darüber hinaus – zu verbreiten.

HOHNER

Was zweifellos daran lag, dass sie, klein wie sie war, leicht zu transportieren und wohlfeil zu erwerben war.

Der nächste Schritt zur Festigung der Verbindung Mundharmonika/Wien war die Errichtung der ersten Mundharmonikafabrik der Welt. Diese wurde in der Mondscheingasse 11 im Jahr 1834 eröffnet. Der Besitzer war Wilhelm Thie und bis 1922 galten seine „Thie-Harmonikas" als die besten der Welt und sind heute Sammelobjekte mit extrem hohem Wert, besonders die Elfenbeinharmonikas.

Es gibt noch zahlreiche weitere Spuren und Hinweise auf die Verwendung und Erzeugung der Mundharmonika in und außerhalb von Österreich, erstaunlich viele davon gehen auf Wien zurück. So gründete Christian Messner 1832 eine Werkstätte zur Erzeugung von Mundharmonikas in Trossingen in Württemberg. Dabei baute er als Grundlage seiner Produkte eine Mundharmonika nach, die er 1830 in Wien gekauft hatte. Diese Werkstätte wurde später mit der des Uhrmachers Matthias Hohner fusioniert beziehungsweise von diesem übernommen, woraus die bis heute bekannte Instrumenten-Marke Hohner entstand. Eine Weltmarke also, die auf ein in Wien gefertigtes Instrument zurückgeht.

Die Geschichte der Ziehharmonika, vulgo (alphabetisch) Handharmonika, Handklavier, Handorgel, Harmonika, Heimatluftkompressor, Maurerklavier, Quetsch, Quetschebüggel, Quetschkommode, Quetschn, Raunl, Riemenorgel, Schifferklavier, Schweineorgel, Tretschrank, Wanzenquetsche, Zerrwanst, Ziach, Ziehamriemen, Ziehorgel, Zugharmonie oder Zugin, ist sogar noch komplizierter und verworrener. Das liegt vor allem daran, dass die zahlreichen Erfindungen rund um die bereits erwähnte Entwicklung der Stimmzunge ab Ende des 18. Jahrhunderts sehr viele Musikbauer und Hobby-Erfinder bis in die erste Hälfte des 19. Jahrhunderts dazu anregte, neue, eigene Geräte der verschiedensten Art zu bauen. Um das zu verdeutlichen hier ein Zitat aus – es soll nicht verschwiegen werden – Wikipedia, die wiederum die „Geschichte des Concertwesens in Wien“ (1869) von Eduard Hanslick zitiert. Ich gebe das Zitat nur leicht gekürzt wieder, da es durch seine Wortwahl und Aufzählung von Kuriositäten und wunderbaren Erfindungen jener Zeit im Vorfeld der Ziehharmonika genau jene Art von staunend-humorvoller Betrachtung der Welt wiedergibt, wie ich sie in meinen Büchern anstrebe:

„Die Zeit der wunderlichen neuartigen Instrumente, welche zu Ende des 18. Jahrhunderts so zahlreich auftauchten, war keineswegs zu Ende. In den ersten 20 Jahren finden wir noch einen starken Nachschub, meist in Abarten des Claviers und der Glasharmonika und Combinationen derselben bestehend. Zuerst war es die gefeierte Muse der Glasharmonika, die blinde Marianne Kirchgaßner, welche im J. 1800 neuerdings nach Wien kam und 2 Concerte gab. Ihr Instrument stand damals noch ziemlich in Gunst. (…) Im J. 1805 producirte der Wiener Instrumentenmacher Müller die von ihm verbesserte (Röllig'sche) „Xänorphita“, welche, wie ein Clavier gespielt, die Harmonie eines Violinquartetts nachahmte. (...) Eine neue Harmonika-Combination war das Panmelodion, welches der Erfinder Leppich, gemeinschaftlich mit Conradin Kreutzer im Augarten producirte (1810). Die Hauptnummer war ein von Kreutzer componirtes Gedicht, „die Entstehung der Harmonie“, gesungen von Herrn und Madame Ehlers, mit Begleitung des Panmelodions. Im folgenden Jahr erschien ein Hr. Schnell mit seinem Instrument „Amenocorde“ und 1815 der Mechaniker und Pianist Leonh. Mälzel (Bruder des berühmteren Joh. Nepomuk Mälzel) mit seiner „Orpheus-Harmonie“, einer Zusammensetzung von Stahlstäben und Geigenbogen mit Tastatur, verwandt der Stahlharmonika und Xänorphila. Was noch in dem Jahrzehnt 1820 bis 1830 von derlei Phantasieinstrumenten erscheint, sind bloße letzte Nachklänge

einer absterbenden Richtung. Außer Leppich's, im J. 1822, neuerdings in Erinnerung gebrachten „Panmelodion", tauchte 1825 eine Clavierabart, namens „Sirenion" auf, von dem Erfinder Promberger und seinem 13-jährigen Sohne gespielt, endlich im selben Jahr die „Claveoline" (eine von Eschenbach erfundene Art Physharmonika mit Pfeifen, Tasten und Pedal) von Lauge aus Cassel gespielt. Franz Xaver Gebauer, der Gründer der „Spirituel-Concerte", machte anfangs sein Glück in Wien durch seine Fertigkeit auf der Mundharmonika. Im Fache der musikalischen Automaten stand der Mechaniker Joh. Nepomuk Mälzel, der berühmte Erfinder des Metronoms, obenan. Er producirte in Wien im Jahre 1809 seinen „mechanischen Trompeter" (...). Ein anderer Mechaniker, Bauer, besuchte Wien im Jahre 1829 mit seinem „Orchestrion". Mit ähnlichen Instrumenten und Spielwerken hat späterhin nur noch Fr. Kaufmann Erfolg gehabt, namentlich mit seinem ausgezeichneten „Harmonichord" (einem clavirartigen Tasteninstrument) und dem „Chordaulodion" (Flötensaitengesang). Im Allgemeinen ist die Aufmerksamkeit dafür rasch geschwunden, und die oben angeführten zahlreichen Fantasie-Instrumente waren im Jahre 1830 bis auf den Namen verschollen. Ein neues Instrument tritt dafür zu Anfang der zwanziger Jahre auf den musikalischen Schauplatz: die Physharmonika. Die Nr. 30 der Wiener Musikzeitung vom Jahre 1821 meldet zuerst die Erfindung dieses Instruments durch den Wiener Instrumentenmacher Anton Hackel. Hieronymus Payer, Componist und Clavierlehrer in Wien, producirte die Physharmonika zuerst öffentlich, und zwar mit eigens dafür von ihm componirten Stücken (Phantasie und Variationen) in der Wohlthätigkeitsakademie im Kärntnerthor-Theater am 15. November 1824. Payer's Spiel gefiel sehr, er wurde gerufen und führte den Erfinder A. Hackel mit heraus. Bald darauf verlegte sich Lickl auf die Physharmonika und ließ sich mit einer selbst componirten „Serenade" am Pfingstsonntag

1823 im Kärntnerthor-Theater zum ersten Male öffentlich hören. Seitdem ist in Wien die Physharmonika durch dreißig Jahre Lickl's künstlerisches Monopol geblieben; trefflicher Virtuose auf diesem Instrument, hat er zugleich eine förmliche Literatur für dasselbe, um nicht schlechtweg zu sagen ‚die Literatur desselben' geschaffen."

Die hier öfters erwähnte Physharmonika gilt (unter anderem) als direkter Vorfahr der Ziehharmonika. Zwar gibt es auch Spuren früher Ziehharmonikas, die nach Berlin, Russland oder Schweden weisen, das erste Patent für ein „Accordion" genanntes Musikinstrument wurde aber dem aus Armenien stammenden Wiener Cyrill Demian und dessen Söhnen Carl und Guido (Adresse Mariahilfer Straße No. 43) 1829 zugesprochen. Falls Sie daran Zweifel haben sollten, können Sie das gerne in dem Buch „Systematische Darstellung der neuesten Fortschritte in den Gewerben und Manufacturen und des gegenwärtigen Zustandes derselben. Als Fortsetzung und Ergänzung des im J. 1823 beendigten Werkes: Darstellung des Fabriks- und Gewerbswesens &c. Mit besonderer Rücksicht auf den österreichischen Kaiserstaat" aus dem Jahr 1830 nachlesen. Auf Seite 795.

Tischlbongerisch

Wer wissen will, was Tischlbongerisch (auch Tischlbongarisch) ist, sollte sich am besten an das Wiener Sprachinselmuseum wenden. Nun ist Wien ja alles andere als arm an eigenartigen Museen, aber in dieser Landschaft mit skurrilen Blüten sticht das Sprachinselmuseum doch durch mehrere interessante Fakten hervor. Zum einen existiert es nicht (mehr). Das heißt, die Sammlung existiert schon noch, befindet sich aber mittlerweile in einer privaten Wohnung und kann nur nach Vereinbarung eingesehen werden. Zum anderen war die Gründung nicht, wie bei vielen anderen Wiener Privatmuseen, aus einer mehr oder weniger ansehnlichen und mehr oder weniger interessanten Sammlung von Dingen zu einem bestimmten Thema hervorgegangen, sondern der dahinterstehende „Verein der Sprachinselfreunde" wurde 1972 in klarer Absicht sowohl aus wissenschaftlichen wie auch aus politischen Gründen von offizieller Seite gegründet. Die Idee des Unterrichtsministeriums war damals, mit diesem Verein vor allem Sprachinseln in Italien *außerhalb* des ja bereits geschützten Territoriums von Südtirol zu erforschen und zu fördern. Wie etwa jene in Timau (deutsch: Tischelwang) in der Provinz Udine, in der das titelgebende Tischlbongerisch gesprochen wird. Allerdings neben Friaulisch und Italienisch.

Das Österreichische hat weltweit mehr Sprachinseln hinterlassen als jede andere deutsche Sprache. Das hat mit der Ausdehnung des Habsburgerreichs und dessen Besiedelungspolitik zu tun. Die Gründe für die freiwilligen oder erzwungenen Besiedelungen durch Österreicher außerhalb von Österreich haben mit wirtschaftlichen Interessen, Pioniergeist aber auch politischen und religiösen Motiven zu tun.

Die wahrscheinlich ältesten österreichischen Sprachinseln – und es geht hier nur um Sprachinseln, die auf die eine oder andere Art noch heute im Dialekt oder der Sprache der Bevölkerung nachweisbar sind – lagen in den italienischen Provinzen Vicenza und Verona und wurden bereits um 1100 gegründet. Man nennt sie auch „zimbrische Inseln der Sieben und Dreizehn Gemeinden" und sie haben einen Ableger, Lusern im Trentino. Im 13. Jahrhundert entstanden die sogenannten „karnischen Inseln", ebenfalls in italienischen Provinzen (Belluno, Udine, Trentino), zu denen auch das bereits erwähnte Tischelwang gehört. Dann gibt es noch mehrere Sprachinseln in Slowenien, die bis ins 13. Jahrhundert zurückreichen. Auch bereits um 1200 wurde eine Bergwerkssiedlung in Westungarn gegründet, und es gab auch später einige andere Sprachinseln im Raum Budapest. Die österreichischen Sprachinseln im heutigen Tschechien (zum Beispiel im Raum Brünn) gibt es im Wesentlichen nicht mehr, sie bestanden bis 1945 – und man kennt die Geschichte. Dann wären da noch die Hutterer, die aus religiösen Gründen ihre Tiroler Heimat verließen und nach Amerika auswanderten. Übrigens: Neben den Tiroler Sprachinseln in Brasilien gibt es solche auch in Peru und Chile. Einen aktuellen Überblick kann man sich auf der Website des Sprachinselvereins (sprachinselverein.at) verschaffen.

In manchen Regionen sind die Sprecher weitgehend ausgestorben oder es gibt nur noch einzelne Begriffe, die in die Sprache des Landes oder den ortsüblichen Dialekt eingegangen sind. Andere, wie die Hutterer, haben sich ihre altösterreichische Sprache bis heute erhalten. Dieses Altösterreichisch der Hutterer klingt eigentümlich, aber man kann sich problemlos mit ihnen unterhalten. Das macht diese ganze Sache auch so spannend. Untersucht man aktive Sprachinseln in Gegenden, in denen sich die Vermischung mit der Umgebungs-Sprache in Grenzen hält, stößt man wie in einer Art Zeitkapsel auf historische Dialekte der deutschen Sprache. Aber auch die Tatsache, dass sich die ursprünglich österreichischen Dialekte sehr wohl im Laufe der Zeit verändert haben und doch das eine oder andere Element aus den Nachbarsprachen übernommen haben, ist für Sprachforscher von größtem Interesse.

Es gibt auch nachvollziehbare und oft erstaunliche Bezüge zu den ursprünglichen Herkunftsländern der Auswanderer: Osttiroler würden zum Beispiel jemanden, der Tischlbongerisch spricht, ganz gut verstehen. Einer dieser Dialektbegriffe könnte zum Beispiel „Nudlvingar“ sein, was soviel wie Daumen bedeutet.

Umgekehrt gibt es auch Sprachinseln anderer deutscher Dialekte in Österreich. Und damit meine ich nicht Vorarlberg, dass man als eine einzige große Sprachinsel ansehen könnte. Nein, auch die Besiedlungsgeschichte Österreichs ist vielfältig und durch Einwanderungen aus den verschiedensten Teilen Europas und auch Deutschlands geprägt. So enthält das Hianzische, der originäre Dialekt des Burgenlands, Elemente des „Nordbairischen“. Das liegt daran, dass es hier früher Einwanderer aus dem Fichtelgebirge und der nördlichen Oberpfalz gab, die ihre Spuren bis heute sowohl in der Lautgebung als auch im Wortschatz hinterlassen haben. Da die Sprachumgebung hier aber auch deutsch war, gab es reichlich Einflüsse, die dazu führten, dass sich der ursprüngliche Dialekt nicht als solcher erhalten hat.

Ein PS zur Begriffsentwirrung: „Nordbairisch“ ist ein Begriff der Sprachwissenschaft, wenn sich in diesem Fall die Verbreitung dieses Dialekts auch tatsächlich im Wesentlichen auf den Norden Bayerns erstreckt. Allerdings steht der Begriff „Bairisch“ (nur echt mit i) in der Sprachwissenschaft für sämtliche Varietäten der deutschen Sprache im süd(ost)deutschen Raum. Er wird manchmal auch als „Ostoberdeutsch“ bezeichnet und unterteilt sich in drei Gruppen, von denen zwei im heutigen Österreich vertreten sind. So spricht man in den nördlichen und östlichen Teilen Österreichs (Salzburg, Oberösterreich, Niederösterreich, Wien) „Mittel- und Donaubairisch“ und im Westen (außer dem alemannisch sprechenden Vorarlberg und teilweise dem Tiroler Bezirk Reutte) sowie im Süden verschiedene Variationen von „Südbairisch“. Wobei sich meinen Ohren ehrlicherweise die damit behauptete angeblich nahe Verwandtschaft zwischen Tirolerisch, Kärntnerisch und Steirisch nicht wirklich erschließen mag.

Denkmal-Attacken

Nun ist es ja wirklich nicht schwer, in Wien ein Denkmal zu finden. Man muss sich einfach nur in große Parkanlagen oder in die Nähe wichtiger historischer Gebäude begeben. Der Stadtpark etwa ist so vollgestopft mit Büsten und Denkmälern wie sonst eigentlich nur Wiens Friedhöfe.

Aber es gibt noch eine andere Kategorie von Denkmälern. Nämlich solche, die an völlig unerwarteten Stellen auftauchen, wenn man nichts ahnend an ihnen vorbeigeht. Besonders im grünen Prater kann plötzlich ein Denkmal oder eine Statue gut verborgen hinter einem Baum lauern und den friedlichen Passanten geradezu heimtückisch überfallen. Natürlich lag dieses Überraschungsmoment in den meisten Fällen nicht in der Absicht der Aufsteller, und es gibt immer einen guten Grund, weshalb ein Denkmal gerade dort steht, wo es eben steht.

Wie das Denkmal für Johann Kallinich in der Rotundenallee am nördlichen Ende der Jesuitenwiese, schräg gegenüber der vor einiger Zeit völlig modernisierten öffentlichen Bedürfnisanstalt. Es stellt auf einem hohen Sockel das obere Drittel einer Ritter-

rüstung nebst einem flatternden Vogel auf dessen Helm dar, was wir an dieser Stelle nicht näher hinterfragen wollen. Wenn man sich nun genauer für die Büste interessiert, was ich Ihnen als Leserin, als Leser, hiermit einfach einmal unterstelle, erfährt man durch die Inschrift, dass das Denkmal einem Offizier gewidmet ist, der 1848 an der Niederschlagung der Revolution in Wien beteiligt war. Die Inschrift lautet: „Am XXVI. Oct. MDCCCXXXXVIII fiel der k. k. Oberlieutenant Johann Kallinich des Sluiner National-grenzregiments Nr. IV, VI. Bataillon in Erfüllung seiner heiligsten Berufspflicht. Dem allgemein Beliebten wird von seinen Kameraden dies Andenken als letzte Ehre gewidmet.“ Das sagt einiges, aber in Wirklichkeit nicht viel. Bohrt man aber tiefer, dann erfährt man auch den Hintergrund für die heute eher deplatziert erscheinende Aufstellung des Denkmals. Denn im Oktober 1848 war die Jesuitenwiese nicht wie heute gelegentlicher Schauplatz fröhlicher Feste, ein Ort für spielende Kinder oder für Jugendliche, die die neuesten Trendsportarten ausprobieren, vielmehr stand hier damals eine große Barrikade der revoltierenden, bürgerlich-demokratischen Bevölkerung. Und die wurde, wie man aus der Inschrift indirekt deuten kann, von Truppen von außerhalb erobert. Um genau zu sein von kaisertreuen kroatischen Truppen, unter denen Oberstleutnant Kallinich eine führende Stellung innehatte. Und irgendwie ist es historisch-ironisch, dass gerade dieser Ort nun seit langem jedes Jahr zum Sommerausklang der Austragungsort für das linke Volksstimmefest ist.

Aus heutiger Sicht ist das alles insgesamt vielleicht kurios, aus damaliger Sicht vermutlich für alle Beteiligten mehr als tragisch. Eher emotional nachvollziehbar, weil näher am heutigen Leben, ist der Anlass für die Errichtung eines weiteren Denkmals mitten im grünen Prater, gar nicht weit von jenem an der Rotundenallee entfernt. Schräg gegenüber, auf der anderen Seite der Jesuitenwiese liegt nämlich seit einigen Jahren die größte Hundezone Wiens (300.000 m^2), deren Besonderheit unter anderem darin besteht, dass es sich dabei fast zur Gänze um ein Waldstück handelt und dass sie im Gegensatz zu den meisten anderen Hundezonen nicht umzäunt ist. Und mitten in diesem kynologischen Forst findet sich plötzlich, zwischen Büschen und Bäumen, ein Felsbrocken, an dem eine Gedenktafel aus Messing befestigt ist. Neben der Inschrift zeigt die Tafel das eingravierte Foto eines Mannes. Wie man aus dem Text erfährt, ist an dieser Stelle 1996 der damals 45-jährige Oberfeuerwehrmann Michael Podhornik tragisch ums Leben gekommen. Er wurde von einem brennenden, umstürzenden Baum erschlagen. Der Text auf der Tafel, gewidmet von den „Kameraden der Wiener Berufsfeuerwehr", beschreibt außerdem die Risiken dieses Berufs und auch den Umgang mit derartigen Verlusten.

Übrigens wird dieser Gedenkort seit mehr als einem Jahr nicht nur von Hundebesitzern beim Auslüften ihre Lieblinge passiert, sondern auch gezielt von einer anderen Gruppe von Menschen aufgesucht: nämlich von Pokémon GO-Spielern. (Wobei ich damit nicht sagen möchte, dass sich Hundebesitzer und Pokémon-Spieler ausschließen, ganz im Gegenteil, diese Kombination findet man sogar recht häufig.) Denn das Denkmal ist, wie viele andere in Wien, eine sogenannte Pokémon-Arena. Das ist ein Ort, an dem sich reale Spieler via Smartphone mit virtuellen Figuren virtuelle Kämpfe liefern. Allerdings, wie es bei Pokémon üblich ist, in aller Freundschaft, und die besiegten Viecher können sofort wieder aufgepäppelt werden. Der Ort ist nicht einmal so unpassend gewählt, liegt doch die sogenannte „Arenawiese" gleich daneben. Ob spielerischen Wettkämpfen rund um das Denkmal eines erschlagenen Feuerwehrmanns nun etwas Blasphemisches anhaftet oder ob der Vorteil überwiegt, dass auf diese Weise vermutlich mehr Leute die Tafel lesen, wage ich nicht zu beurteilen.

Gleich mehrere Denkmäler und Statuen finden sich an einer anderen Stelle im Prater. Wobei hier weniger die Denkmäler (unter anderem ein Kriegerdenkmal und eine bunte Plastik des Toten Christus mit dem Titel „Das Heilige Grab") das eigentlich Überraschende darstellen, als vielmehr das Gebäude, um das sie gruppiert sind. Bei diesem handelt es sich um eine kleine Wallfahrtskirche mit dem passenden Namen „Maria Grün". Sie befindet sich in der Nähe des Lusthauses an der Aspernallee, etwa auf halber Strecke zwischen dem Baseballplatz und der Volksschule. Tatsächlich hat die Errichtung der Wallfahrtskirche auch ursächlich mit einer Schule zu tun. Denn früher stand hier in der Nähe eine einklassige (und hoffentlich erstklassige, Pardon kleiner Scherz) Volksschule, deren zuständige Pfarre allerdings absurd weit entfernt war, nämlich in der Praterstraße, was die Kinder damals – mangels Busverbindung – oft am Kirchgang hinderte. Darum hängte ein Lehrer kurzerhand ein Marienbild an einem Baum und hielt dort mit den Kindern Andachten ab. Das Marienbild wurde 1863 geweiht und zog bald auch andere Menschen der Gegend an, für die die nächste Kirche ebenfalls zu weit entfernt war. 1911 gesellte sich eine Marienstatue dazu, die ein Gastwirt aus der Nähe aufstellen ließ. Immer mehr Gläubige pilgerten dorthin und begannen, die Bäume mit Heiligenbildern zu behängen. Es wurden schließlich so viele, dass die zuständigen Behörden sich gezwungen sahen, diese wieder abzumontieren. Das ist in etwa mit den heute auf vielen Brückengeländern platzierten Liebesschlössern vergleichbar, die schon aus Gewichtsgründen gelegentlich von der Stadt mit Beißzangen entfernt werden müssen.

Schließlich wurde 1924 an dieser Stelle eine kleine Kirche erbaut. Die Kirche bietet – was man von außen gar nicht annehmen würde – Platz für 300 Personen und ist bis heute ein Wallfahrtsort, unter anderen für in Wien lebende Burgenlandkroaten.

Außerdem ist sie Sitz der Aids-Seelsorge der Erzdiözese Wien, weshalb sich unter den Denkmälern rund um die Kirche auch ein Aids-Memorial befindet, zum Gedenken an Menschen, die an der Immunschwäche gestorben sind. Sie besteht aus einer Art zerbrochenem Mauerstück, einer kleinen Bronze, die zwei sich umarmende stilisierte Menschen zeigt sowie rotblühende Blumen, die in Form eines Red Ribbons gepflanzt sind.

Auch im Wienerwald kann man unversehens über Denkmäler stolpern. Wie zum Beispiel über das Denkmal für den umstrittenen antisemitischen Bürgermeister Karl Lueger oder über jenes für einen seiner Zeitgenossen, den aus anderen Gründen ebenfalls umstrittenen jüdischen Psychoanalytiker Sigmund Freud.

Wir werden aber auch in der Innenstadt fündig, wo etwa seit kurzem am Schwedenplatz, gleich gegenüber vom McDonald's an der Ecke der Rotenturmstraße und wohl nicht zufällig in der Nähe des Morzinplatzes, eine schlichte Gedenktafel an die „Kinder von Izieu" und damit an ein besonders grauenhaftes Geschehen während des Nationalsozialismus erinnert. In der französischen Stadt Izieu wurden 1944 von eigens für solche Zwecke eingesetzten Nazi-Spezialisten insgesamt 44 geflohene jüdische Kinder zwischen acht und zwölf Jahren in einem Kinderheim aufgespürt, aufgegriffen und gemeinsam mit ihren Erzieherinnen nach Auschwitz deportiert und dort ermordet. Darunter befanden sich sieben Wiener Kinder. Gewidmet ist das Denkmal auch allen Millionen jüdischen Kindern und Jugendlichen, die durch den Naziterror ums Leben kamen.

Oft ist es auch überraschend, wenn man den Blick von der Straße (oder vom Handy) auf die Höhe der Beletage hebt, sind dort doch viele Fassaden – nicht nur in den innerstädtischen Bezirken – mit Skulpturen, Reliefs, Malereien oder Mosaiken geschmückt. Und in der Vielzahl der an sich schon außergewöhnlichen Kunstobjekte gibt es immer auch besondere Überraschungen. Wie die halb als Plastik halb als Relief gearbeitete Figur eines drachenartigen Wesens unterhalb eines kleinen Balkons auf der Fassade von Haus Nummer 15 in der Steingasse im dritten Wiener Gemeindebezirk. Diese Skulptur lässt einen tatsächlich mit sehr vielen über dem Kopf schwebenden Fragezeichen zurück. Zu sehen ist da nämlich ein auf dem Rücken liegender vermutlicher Drache, jedenfalls ein Tier mit einem Reptilienschädel, in dessen offenem Maul eine Reihe scharfer Zähne zu sehen ist und aus dem überdies eine lange Zunge heraushängt. Das Tier hat einen Schwanz und vier krallenbewehrte Gliedmaßen, mit denen es sich – auch das ein bemerkenswertes Detail – an den Gitterstäben aus Metall festklammert, die vor der steinernen Skulptur montiert sind. Außerdem prangen gut sichtbar im Mittelteil des Leibes sechs Zitzen, man muss schon sagen Brüste, die sich teilweise durch die Gitterstäbe drängen. Flügel scheint das Untier nicht zu haben. Forscht man ein wenig, erfährt man, dass das Gebäude nebst Fassadenschmuck im Jahr 1901 von dem Architekten Ferdinand Fellner III. errichtet wurde. Die römische Ziffer drei verweist auf Fellners Großvater und Vater, die ebenfalls berühmte Architekten gewesen waren. Die Fassade, so heißt es, „zeige Formen des Brüsseler Art nouveau, die sich mit Elementen des Wiener Barock verbinden." Was allerdings weder erklärt, wieso dort ein Drache oder Lindwurm oder Krokodil oder sonstiges Monster zu sehen ist, noch weshalb es sich hinter Gitterstäben befindet. Obwohl der Betrachter gewissermaßen dankbar für diese Stäbe ist, die verhindern, dass das Monstrum ihn plötzlich anspringt. Und zuletzt erklärt es keinesfalls die Zitzen (Säugetier!) eines Reptils (eierlegend!), selbst wenn man davon ausgeht, dass es sich hierbei um ein Fabelwesen handelt. Gräbt man noch weiter, stößt man tatsächlich auf eine Beschreibung des Tieres. Dieser Beschreibung zufolge handelt es sich um einen Lindwurm, der „seine formenreichen Weichteile“ (in der Tat) in Richtung Betrachter wendet und mit seinem „enormen Maul“ in die Gitter beißt, „die er auch mit den gewaltigen Krallen umklammert“. Gut, bis auf die Bestätigung, dass es sich also um einen Lindwurm handelt, gibt die Beschreibung nicht mehr an Information her, als man selbst sehen kann. Allerdings erfährt man, dass sowohl die Fassade wie auch die Skulptur auf einen der Lehrer von Fellner, den bekannten belgischen Jugendstilarchitekten Viktor Horta, verweise. Sucht man nun aber nach Fassaden von Viktor Horta, so findet man zwar jede Menge in verspieltem Jugendstil, aber keinerlei Untiere oder auch nur irgendwelche Skulpturen dieser Art. Auch andere Fassaden von Ferdinand Fellner in Wien zeigen zwar (noch deutlicher) die Einflüsse des Jugendstils aber ebenfalls keine Tiere welcher Art auch immer. Weshalb ich jetzt eine gewagte These formuliere, die durch gar nichts belegt ist, aber durch ihre Schlüssigkeit besticht: Nachdem der Lindwurm/Drache eindeutig weiblich ist, wollte wohl entweder der Architekt oder der Auftraggeber des Hauses damit auf eine unliebsame weibliche Person in seiner Umgebung (es muss ja nicht immer die Schwiegermutter gewesen sein) abzielen. Und um diese in seinem Leben (oder Kopf) zu bannen, wurde ihr Abbild auch gleich auf ewig hinter Gitter gepackt.

Freilich ist auch ein anderer allegorischer Hintergrund, etwa im Zusammenhang mit der Freimaurerei, nicht auszuschließen. Wer darüber andere Informationen oder auch nur Theorien hat, verrate sie mir bitte.

Rosa Jakob

Zwar hat sich die bis tief in die 1980er-Jahre hinein im Dornröschenschlaf befundene österreichische Comicszene in den letzten Jahrzehnten deutlich gemausert – es gibt international anerkannte sogenannte Graphic Novels (im Grunde ein reiner Marketing-Begriff für anspruchsvolle Comics) aus Österreich ebenso wie eine ständig wachsende Szene junger Zeichner und Zeichnerinnen; es gibt Manga bis Humor-Comics und sogar Superhelden in Form von „ASH – Austrian Superheroes" sowie auch immer mehr comicbezogene Events – doch ganz ins Bewusstsein der Bevölkerung hat sich die Bandbreite und, ja, Wichtigkeit sowie künstlerische und kulturelle Relevanz des Mediums Comic noch nicht durchgesprochen.

Dabei verbindet Österreich und die Comics eine gar nicht so unwichtige und vor allem auch schon wirklich lange Geschichte. Man denke nur an einen der frühesten europäischen Comicstrips, der durch seinen politischen Inhalt und seine Umsetzung im Wiener Dialekt sogar ein internationales Unikat ist: „Tobias Seicherl" von Ladislaus Kmoch, der in den 1930er-Jahren in der österreichischen Boulevardzeitung „Das kleine Blatt" erschien.

Wenn man nun in der Geschichte der narrativen Bildkommunikation (mittelalterliche Spruchfahnen aus den Mündern von Hosianna rufenden Engeln bis hin zu griechischen Vasen- und ägyptischen Wandmalereien) etwas zurückgeht, dann findet man überraschenderweise gerade auch in Wien einige wichtige Vertreter dieser antiken Beispiele.

Wie zwei zum Beispiel direkte Nachfahren der Trajan-Säule. Das Original in Rom wurde in den Jahren 112 bis 113 nach Christus zum Ruhme des damaligen römischen Kaisers Trajan errichtet. Die Säule ist je nach Messung zwischen 35 und 38 m hoch, steht heute noch und zeigt auf einem in 23 Windungen nach oben führenden Relief vor allem Szenen aus den Kriegen gegen die Daker. Aufgerollt würde das Relief eine Gesamtlänge von gut 200 m erreichen. Es werden darin rund 2.500 Personen erwähnt. Was diese Säule zu einem der historischen Vorläufer der heutigen Comics macht, ist die Tatsache, dass auf ihr eine zeitliche Abfolge dargestellt wird. So ist der Kaiser selbst ungefähr 60-mal zu sehen. Die Säule wurde sowohl in antiker als auch in moderner Zeit immer wieder imitiert, um den Ruhm des jeweiligen Herrschers zu zeigen und zu mehren. In Rom wurde nur 80 Jahre nach der Trajan-Säule auch eine über das Leben von Kaiser Marc Aurel, bekanntlich ein gestorbener Wiener, errichtet.

Die zwei Wiener „Trajan-Säulen" befinden sich direkt vor der Karlskirche. Die Kirche wurde in den Jahren 1715 bis 1739 errichtet und bietet neben anderen interessanten Details die beiden auffälligen Säulen direkt vor dem Hauptportal. Wie ihr römisches Vorbild sind sie 33 m hoch, sie zeigen allerdings hauptsächlich Stationen aus dem Leben des heiligen Karl Borromäus, dem ein Großteil der Ikonographie der Kirche gewidmet ist. Wie auch die Kirche selbst – und nicht etwa Karl dem Großen, wie ich bisher fälschlicherweise gedacht hatte. Man lernt eben nie aus. Nicht einmal angeregt hat Karl der Große die Kirche. Sie geht auf ein Gelübde von Karl VI. zurück.

Noch älter und noch näher am eigentlichen Thema dieses Kapitels ist ein anderes wunderbares Objekt: Die Wiener Genesis, ein besonderes Pergament, das sich in der Sammlung der Nationalbibliothek befindet. Die Wiener Genesis ist nicht einmalig, gehört aber dennoch zu den ältesten und wenigen besonders gut erhaltenen Objekten ihrer Art. Und ihre Art, das sind illustrierte biblische „Codices", also eine Art antikes Buch. Konkret handelt es sich um 24 Blätter, mit Texten aus dem ersten Buch des Alten Testaments in griechischer Übersetzung. Diese Blätter sind im unteren Bereich mit, wie es offiziell heißt, 48 Vollminiaturen illustriert. Deswegen 48, weil es sich jeweils um zwei Zeilen mit bildlichen Darstellungen handelt. (Ausschmückungen des biblischen Textes, die so im Originaltext nicht vorkommen, aber vermutlich auf volkstümlichen jüdischen Überlieferungen beruhen.)

Das ist aber der springende Punkt. Es sind nicht nur Illustrationen, sondern großenteils *Bildergeschichten*, in denen der jeweilige Protagonist oft mehr als einmal zu sehen ist. Auch wenn die Einzelbilder größtenteils nicht durch Ränder voneinander getrennt sind, ergibt sich hier doch eine zeitliche Abfolge, wie sie typisch für das Medium Comic ist. Weshalb die Wiener Genesis im Zusammenhang mit der Comicforschung (ja, so etwas gibt es) auch immer wieder erwähnt und zitiert wird.

Jedenfalls sind die handelnden Personen jeweils durch ihr farbenprächtiges Gewand (ein beständiges Motiv aller Comics bis heute: Donald Duck und die anderen Enten unterscheiden sich hauptsächlich durch ihre Kleidung und nur durch kleine Details; ebenso ist das verbindende Element bei Superman eindeutig sein Kostüm, auch wenn verschiedene Künstler sein Gesicht immer wieder auf die verschiedenste Art interpretieren) und auch sonstiges identisches Äußeres deutlich erkennbar und oft mehrfach hintereinander abgebildet, was eine eindeutige sequenzielle Darstellung einer zeitlich aufeinanderfolgenden Geschichte belegt.

Übrigens kommt bei den Hauptfiguren die Farbe rosa häufig zum Einsatz. Gerade auch für die Bekleidung von Männern. Das mag aus heutiger Sicht etwas seltsam erscheinen, in der Antike war rosa allerdings noch alles andere als eine Mädchen- und Barbiepuppenfarbe. Vielmehr wurde sie sowohl mit Eros als auch mit Ares, also mit (erotischer) Liebe und kriegerischen Handlungen, assoziiert. Rot galt bis zum Beginn des 20. Jahrhunderts als die kräftige, kämpferische, männliche Farbe. Rosa war da sozusagen die „kleine Abwandlung" und wurde männlichen Kindern zugeordnet. Blau dagegen war die Farbe der Venus und später, nicht durch Zufall, im christlichen Abendland die Farbe der Jungfrau Maria und hellblau daher die daraus abgeleitete typische Mädchenfarbe.

Das änderte sich erst mit und nach dem Ersten Weltkrieg. Als die blauen Uniformen vieler Soldaten, blaue Arbeitskleidung und das Aufkommen der Jeans als vorerst rein männliches Kleidungsstück den Wandel der Symbolik herbeiführten. Hellblau wurde die Farbe der Buben. Und um einen Kontrast zu schaffen beziehungsweise aufrechtzuerhalten, wurde fortan rosa die Babyfarbe für Mädchen.

Allerdings gibt es auch heute noch Spuren der alten Zuordnung: Dorothy, die Heldin aus „Der Zauberer von Oz", trägt traditionell ein (hell-)blaues Kleid und auch die meisten Disney-Heldinnen von Schneewittchen über Cinderella, Alice, Belle (nicht im Ballkleid), Jasmin bis zu den Frozen-Schwestern tragen prominent die Farbe (hell-)blau.

Doch zurück zur Wiener Genesis. Aufgrund der Farbwahl und der sehr unterschiedlichen Ausführungen der Illustrationen geht man von bis zu elf verschiedenen Künstlern aus, die an dem Buch beteiligt gewesen sein sollen.

Für Spezialisten noch ein paar technische Details: Das „Papier“ ist Kalbspergament, das mit Purpur (der Farbe der kaiserlichen Gewänder) gefärbt wurde. Die Schrift besteht aus Silbertinte. Wobei Heiligennamen mit Goldtinte hervorgehoben werden.

CSI Mozart

Eigentlich weiß man über das Leben von Wolfgang Amadeus Mozart relativ gut Bescheid. Besser als über das Leben vieler seiner Zeitgenossen, was nicht zuletzt daran liegt, dass er als Wunderkind schon sehr früh unter Beobachtung stand und einen Status als Promi genoss.

So gesehen ist es geradezu ironisch, dass bis heute niemand genau weiß, wo er begraben liegt. Wo er jedenfalls *nicht* begraben liegt, das weiß man sehr genau. Etwa bei dem Ehrendenkmal am Wiener Zentralfriedhof, das zwar von zahllosen Touristen frequentiert und fotografiert wird, das aber nichts weiter ist als das, nämlich ein Ehrendenkmal. Zwar ruhen in diesem Quadranten (Ehrengräber Gruppe 32 A) ausreichend berühmte Personen, unter ihnen ganz besonders viele Musiker wie Ludwig van Beethoven, Johannes Brahms, Franz Schubert, Franz von Suppé, Karl Josef Millöcker und sämtliche Sträuße (Johann Senior, Johann Junior nebst Eduard und Josef), aber eben nicht Mozart. Obwohl sein Grab*denkmal* genau wie die anderen Gräber eine Nummer hat, nämlich 55.

MOZARTGRAB

Am Sebastiansfriedhof in der Salzburger Altstadt liegt Wolfgang ebenfalls nicht. Dafür aber seine Frau Constantia von Nissen (Constanze) und sein Vater Leopold Mozart. Außerdem sind in diesem Familiengrab Mozarts Nichte Jeanette Berchtold von Sonnenburg, Mozarts Großmutter Euphrosina Pertl, die Tante von Constanze, Genovefa Weber (die Mutter von Carl Maria von Weber), sowie Constanzes zweiter Ehemann Georg von Nissen begraben.

Oder auch nicht. Denn als man 2006 versuchte, das Rätsel um den seit 1902 im Salzburger Mozarteum aufbewahrten Mozartschädel zu lösen, kam dabei genau das Gegenteil heraus: Die Verwirrung wurde noch schlimmer. Obwohl Mozarts eigentliches Grab nicht bekannt ist – dazu gleich –, gab es immer wieder Berichte, der Schädel von Mozart sei unabhängig davon aufbewahrt worden. Allerdings widersprechen sich hier einige Dokumente, unter anderem gibt es offenbar mindestens zwei Schädel, die von Mozart stammen könnten, aber das will ich hier alles nicht weiter ausführen. Jedenfalls versuchte man 2006 mittels der neuesten Forschungsmethoden, die Echtheit von Mozarts Schädel anhand von DNA-Spuren zu überprüfen. Weil die Gebeine seiner Schwester Nannerl ebenfalls verschollen sind (man weiß zwar wo sie liegt, nämlich im Salzburger Friedhof Sankt Peter, aber da das Beinhaus dort immer wieder neu belegt wurde, besteht kaum eine Chance, das richtige Skelett zu finden) und auch DNA-Reste direkter Nachkommen von Mozart nicht zur Verfügung stehen, machte man sich an die Analyse der DNA der beerdigten Personen im Sebastiansfriedhof. Zuerst wurde jene von seiner Großmutter und seiner Nichte untersucht. Das Ergebnis: Keine der beiden Toten war mit dem Schädel verwandt. Aber schlimmer noch, auch die beiden Frauen waren genetisch nicht miteinander verwandt! Irritiert untersuchte man nun auch noch die DNA-Spuren der anderen dort Beigesetzten, nur um zu dem Ergebnis zu gelangen, dass *niemand* in diesem „Familiengrab" miteinander verwandt war. Da spielt es schon fast keine Rolle mehr, dass die DNA einer – angeblichen – Mozart'schen Haarlocke nicht zu dem Schädel im Mozarteum passt. Wer nun tatsächlich im Familiengrab der Mozarts liegt und ob auch nur *eine* der Personen tatsächlich diejenige war, für die man sie bisher gehalten hat, bleibt unklar. Die Friedhofsverwaltung hat jedenfalls beschlossen, die Beschriftungen der Gräber vorerst so zu belassen.

Doch zurück zu Wolfgang Amadeus. Tatsächlich wurde er mit größter Wahrscheinlichkeit im Friedhof Sankt Marx beerdigt. Allerdings nur im Beisein von recht wenigen Personen und in einem einfachen Grab. Zwar nicht, wie früher oft behauptet, in einem Armengrab, allerdings ohne großen Pomp und Grabschmuck. Aufgebahrt war er zuvor im Stephansdom und sein Leichnam wurde auch in einer großen Prozession mit vielen Menschen bis zum Stubentor begleitet, den Rest der Reise trat er allerdings, wie damals üblich, allein an. Deshalb gelang es auch seiner Witwe Constanze nicht, sein Grab zu finden, als sie 17 Jahre später danach suchte, um ihren immer berühmter werdenden Mann in ein ehrenvolleres Grab umbetten zu können.

Nach einer anderen Theorie und bezugnehmend auf zeitgenössische Quellen soll Mozart auch nicht in Sankt Marx liegen und nicht durch das Stubentor, sondern durch das Kärntner Tor gefahren worden sein, um dann am Matzleinsdorfer Friedhof bestattet zu werden. Wer weiß.

Sankt Marx ist jedenfalls der sicherere Tipp, wenn man aufgrund von mangelndem genetischen Vergleichsmaterial (siehe Salzburg) auch in der Zukunft wohl nie herausfinden wird, welcher der dort bestatteten Körper vielleicht der seine sein könnte und wo sich seine letzte Ruhestätte genau befindet. Sicher jedenfalls nicht, außer durch einen äußerst bizarren Zufall, unter dem dort befindlichen Grab*denkmal*, auch wenn alte Metalltafeln mit der Aufschrift „Mozartgrab“ etwaige Besucher dorthin lotsen.

Übrigens: Mozart nannte sich zu seinen Lebzeiten so gut wie nie, wenn überhaupt jemals Amadeus. Getauft wurde er auf die Namen Joannes Chrysostomus Wolfgangus Theophilus, wobei auch schriftliche Dokumente mit der Schreibweise Joannes Chrisostomus Wolfgang Gottlieb existieren. Gottlieb ist dabei die wörtliche Übersetzung von Theophilus, die Wolfgang selbst zu Lebzeiten in die französische Form Amadé übersetzte und so benutzte. Die latinisierte Form Amadeus wurde erst nach seinem Tod häufiger verwendet und schließlich Standard. Ich spiele übrigens schon seit Jahren mit dem Gedanken, in einem Roman oder sonstigen narrativen Werk einmal eine Figur mit dem Namen „Amadeus Theophil Gottlieb“ auftreten zu lassen.

Der Name des Friedhofs Sankt Marx irritiert besonders westliche Touristen immer wieder. Wien, die Stadt, in der man den Vater des Kommunismus als Heiligen verehrt? Die Lösung dieser Namensverwirrung ist allerdings denkbar simpel. Der Name Marx in Sankt Marx ist eine im Lauf der Zeit entstandene Verkürzung des lateinischen Namens „Marcus“ (via Marks, weitere Formen: Marcks, Marxer und Merx), bezieht sich auf den Evangelisten und findet sich durchaus nicht nur in Wien. Vielleicht geht sogar der Familienname von Karl Marx ebenfalls auf diesen Namen zurück, was dann doch irgendwie einen Bezug herstellen würde. Obwohl man den Namen in seinem Fall auch vom jüdischen Mordechai herleiten könnte. Denn die lautgleiche Anpassung jüdischer Namen zu gängigen deutschen Namen war in den letzten Jahrhunderten im Zuge der Assimilation lang geübte Praxis. Einige andere Beispiele: Heine (eigentlich Heinrich) von Chaim, Arno von A(a)ron, Benno von Benjamin, Ludwig von Levi, Sigmund von Simon oder Moritz von Moses.

Wenn nun aber der Friedhof Sankt Marx nicht wirklich an den Autor des „Kapitals“ erinnert, so tut es doch ein anderes gewaltiges Bauwerk in Wien sehr wohl. Nämlich der Karl-Marx-Hof. Kein Wunder, wurde dieses Monumentalbauwerk doch im sogenannten Roten Wien errichtet. Bei seiner Fertigstellung im Jahr 1933 bestand es aus 1.382 Wohnungen für etwa 5.000 Bewohner und war eine der modernsten Wohnhausanlagen seiner Zeit. So hatten etwa alle Wohnungen ein eigenes Klo. Der Karl-Marx-Hof ist zwar nicht – und war es nicht einmal zu seiner Bauzeit – die größte Wohnhausanlage Wiens, hat dafür aber einen anderen Superlativ zu bieten, der bis heute besteht und den Gebäudekomplex damit zu einem weiteren Wunder Wiens macht: Mit seiner Gesamtlänge von etwa 1.100 m ist das Gebäude der längste zusammenhängende Wohnbau der Welt, der – entlang der Heiligenstädter Straße – an nicht weniger als vier Straßenbahnhaltestellen liegt.

Future City

Dass in einer Großstadt komplett neue Stadtteile entstehen, ist eher selten. In Wien geschieht das zurzeit und zwar seit einigen Jahren sogar an mehreren Stellen gleichzeitig. Das liegt an dem für eine Großstadt ebenfalls eher seltenen Fall, dass es in Wien tatsächlich noch Areale gibt, die lange wenig oder sogar ganz ungenutzt waren. Eines davon liegt in Innenstadtnähe, nördlich des Pratersterns.

Denn gleich neben der heutigen Schnellbahn- und U-Bahn-Station Praterstern befand sich früher der Nordbahnhof, einer der vielen Kopfbahnhöfe, der die Hauptstadt des Reichs mit ihren verschiedenen Teilen verband. Hier ein kurzes Who is Who der Wiener Bahnhöfe:

Der heutige *Hauptbahnhof* war bis vor kurzem noch der *Südbahnhof* mit baulich angeschlossenem *Ostbahnhof* (zeitweise *Staatsbahnhof* genannt); der *Franz-Joseph-Bahnhof* wird aktuell nur noch für den Regional- und Schnellbahnverkehr genutzt; der *Westbahnhof* ist ebenfalls nur mehr für Regionalzüge von Bedeutung, Teile seines Areals sollen für die Stadtentwicklung genutzt werden; die Gründe des *Aspangbahnhofs*, bei der heutigen Schnellbahnstation Rennweg, wurden für Wohnbauprojekte umgewidmet und schließlich gibt es noch den ehemaligen *Nordwestbahnhof,* am Ende der Taborstraße, der für solche Pläne noch zur Verfügung steht.

Die Bebauung des einstigen Geländes des Nordbahnhofs ist jedenfalls schon am weitesten fortgeschritten und soll bis zum Jahre 2025 Wohnraum für 20.000 Bewohnerinnen und Bewohner bieten. Schon heute stehen viele durchaus auch architektonisch interessante Gebäude und auch großzügige Fußgängerzonen, Kinderspielplätze und Parkanlagen gibt es bereits. Ein Besuch des Stadtteils *in progress* lohnt allemal.

Mit den neuen Stadtteilen soll – laut Wiener Stadtentwicklungs-Verantwortlichen – das „unauffällige Verweben der Produktionsstätten mit Wohngegenden und anderen urbanen Strukturen" erfolgen. So soll eine harmonische Koexistenz verschiedener städtischer Bereiche entstehen, die „wirtschaftliche Entwicklung garantiert, ohne dabei die Lebensqualität der kulturellen und umweltbewussten Stadt Wien zu senken".

Tatsächlich sichtbar ist das bei einem anderen zum Teil bereits fertiggestellten Stadtteil, der wesentlich öfter in den Medien auftaucht und mehr Platz in der öffentlichen Wahrnehmung einnimmt als die meisten anderen geplanten und in Bau befindlichen Neubauprojekte. Und wohl nicht nur deswegen, weil er mittlerweile die Endstation der verlängerten U2 ist. Die Rede ist, Sie haben es bereits erraten, von der sogenannten Seestadt.

Doch beginnen wir am Beginn. VIE – dieser internationale Code für den Flughafen Wien Schwechat ist wohl jedem Reisenden bekannt. Dann vielleicht auch noch LAX für den Flughafen in Los Angeles, FRA für Frankfurt oder LHR für London Heathrow. Aber wie sieht es mit dem Code LOWA aus? Klingelt es nicht? Nun, hinter diesen vier Buchstaben verbirgt sich Österreichs ehemals größter Flughafen, das Flugfeld Wien-Aspern. Von 1912 bis zum Ende des Zweiten Weltkriegs starteten und landeten hier alle Flugzeuge von und nach Wien. Als Zivilflughafen sowie als Auto- und Motorrad-Rennstrecke war Wien Aspern sogar noch bis 1977 in Betrieb.

Danach wurde das Gelände für verschiedene Zwecke genutzt, bis sich im Jahr 1982 das Opel Werk, vormals General Motors, hier ansiedelte. Doch das war erst der Anfang. Im Rahmen der Stadtentwicklung wurde das ganze Gebiet für einen neuen Stadtteil in einer völlig neuen Art und Form ausersehen: Die „Seestadt Aspern" ist eines der größten Stadtentwicklungsprojekte Europas unseres Jahrzehnts. Baubeginn für die Infrastruktur war zwar bereits 2009. Neben dem Wohnpark bietet die Seestadt heute auch Bürogebäude und Flächen für Betriebe und Start-Ups. So hat die „Wien Work – integrative Betriebe und AusbildungsgmbH", die Menschen, die aus verschiedensten Gründen am normalen Arbeitsmarkt benachteiligt werden, fördert, hier eine Werkshalle. Es gibt ein Technologiezentrum (aspern IQ), in dessen Produktionshalle das Projekt „Industrie 4.0", eine Art High-Tech-Sandkasten für zukünftige computerisierte und hochgradig vernetzte Industrieanlagen, entsteht. Dazu kommt noch eine Forschungsgesellschaft (Aspern Smart City Research – ASCR), ein europaweit einzigartiges Forschungsprojekt für nachhaltige und innovative Lösungen zum Thema Energieeffizienz. Diese Betriebe und noch einige andere (alle mit so lustig-cool-innovativen Namen) gelten als sogenannte „Leuchtturmprojekte" der Innovation in der ganz bescheiden selbsttitulierten „Smart City". Dort entsteht übrigens derzeit auch ein neues gänzlich nicht-digitales, ganz reales, veritables Wiener Wunder: Bis 2018 soll hier das weltweit erste 24-stöckige Holzhochhaus mit einer beachtlichen Gesamthöhe von 84 Metern fertiggestellt werden. Das „HoHo-Wien".

22., Janis-Joplin-
Promenade

Doch die Seestadt hat noch eine weitere Besonderheit zu bieten. Wie bei vielen neu errichteten Stadtgebieten wurden – und werden – auch hier die Straßen und Plätze thematisch benannt. Im Falle der Seestadt wurde in dieser Hinsicht allerdings ein ganz besonderer Akzent gesetzt: Alle Straßen, Parks und Plätze tragen die Namen von Frauen, eingeteilt in fünf (eigentlich sechs, Erklärung dazu gleich) sogenannte „Namenswelten". Der Schwerpunkt liegt dabei auf prominenten Frauen, und zwar neben – wie zu erwarten – Musikerinnen (es gibt bereits eine Janis-Joplin-Promenade und eine Édith-Piaf-Straße) und anderen Künstlerinnen insbesondere auf Frauen, die sich in ganz anderen Gebieten und Lebensbereichen einen Namen gemacht haben.

– So ist eine der Namenswelten „Pionierinnen" der Sozialwissenschaft, Umwelttechnologie, Energietechnik oder Medizin gewidmet. Wie der Nationalökonomin Ilse Arlt (sie gilt als Wegbereiterin der sozialen Arbeit und gründete die erste Fürsorgerinnen-Schule) oder der Mathematikerin und Computerpionierin Ada Lovelace und der politischen Theoretikerin und Publizistin Hannah Arendt.

– Angelehnt an eine ähnliche Ehrung in Israel (Yad Vashem) gibt es die Namenswelt „Gerechte der Völker", also Frauen, die unter Gefährdung der eigenen Sicherheit verfolgte Menschen vor den Nazis und dem oft sicheren Tod bewahrten. Wie etwa Maria Potesil, die die Deportierung ihres Pflegekindes (ein „Mischling ersten Grades") verhinderte.

– Thematisch nahe ist dem die Namenswelt „Abschiede und Ankünfte", die unter anderen Österreicherinnen gewidmet ist, die gezwungen waren, ins Exil zu gehen. Wie Maria Trapp. Ja, genau. Die von der Trapp-Familie und „Sound of Music".

– In der Namenswelt „Jugendheros und Alltagsgeschichten" wird etwa der Wiener Kaffeehaus-Legende Josefine Hawelka gedacht.

– Ein leider tatsächlich oft Frauen mehr als Männer betreffendes Thema ist das der sogenannten „Work-Life-Balance“, die zwar als Namenswelt ein wenig eigentümlich daherkommt, aber inhaltlich durchaus Sinn ergibt. Denn der Wunsch, und oft bleibt es nur bei dem Wunsch, Familie, Freizeit und Job gleichzeitig und gleichwertig zu managen, war von Anfang an eines der Leitthemen für die Entwicklung der Seestadt. Hier wird etwa Susanne Schmida geehrt, die 1921 den „Reiningerkreis“, ein intellektuelles und interkulturelles Gesprächsforum am Institut für Philosophie der Universität Wien, gründete – und außerdem die älteste Yoga-Schule Wiens.

– Die sechste Namenswelt bleibt in der Benennung etwas konservativer. Ihr Titel lautet etwas sperrig „Raumbezogene Welten“ – zu ihr gehört etwa die Sonnenallee.

Keine Regel ohne Ausnahme: Am Rande des Entwicklungsgebiets vor der U2-Station Aspern Nord wird es einen Nelson-Mandela-Platz geben.

Der Hintergedanke der – ansonsten – konsequent femininen Benennung begründet sich nicht zuletzt in einem aktuell bestehenden Ungleichgewicht: Derzeit stehen in Wien 3.750 nach Männern benannte Verkehrsflächen mageren 200 gegenüber, die nach Frauen benannt sind. Durch die konsequente weibliche Benennung aller Straßen, Gassen und Plätze in der Seestadt kann nun dieser Prozentsatz deutlich angehoben werden. Von 5 % auf 7 %. Immerhin.

Aktuelle weibliche Neuzugänge der diversen (Verkehrsflächen-) Welten sind: die Fotografin Trude Fleischmann, die Tänzerin Gertrud Bodenwieser, die Psychiaterin Lydia Sicher, die Journalistin Beatrix Kempf, die Bildhauerin Eva Maria Mazzucco, die Schriftstellerin Simone de Beauvoir und die Umweltaktivistin Wangari Maathai, nach denen jeweils eine Gasse oder ein Platz benannt wird. Das Nachlesen der Lebensdaten der Namensgeberinnen, etwa im Online-Straßenverzeichnis der Stadt Wien oder in der ebenfalls online einsehbaren einschlägigen Broschüre „Die Seestadt ist weiblich" auf www.aspern-seestadt.at, ist absolut empfehlenswert.

Bis ins Jahr 2028 werden auf diesem Gebiet insgesamt 10.500 Wohnungen für 20.000 Menschen, 15.000 Büroarbeitsplätze sowie weitere 5.000 Arbeitsplätze in Gewerbe, Wissenschaft, Forschung und Bildung entstehen. Insgesamt sollen rund 240 Hektar verbaut werden. Was in einem so riesigen Bezirk wie der Donaustadt flächenmäßig nicht so besonders ins Gewicht fällt. Aber wenn man es umgelegt, ergibt das die Fläche des 7. und des 8. Wiener Gemeindebezirks zusammen.

Übrigens: Der namensgebende See der Seestadt, offiziell Asperner See genannt, misst 50.000 m². Dazu kommt als Erholungsgebiet noch der Seepark mit 44.000 m². Der See wurde künstlich angelegt und wenn man möchte, kann man sich seine Entstehung im Schnellvorlauf auf Vimeo unter dem Titel „Der See im Zeitraffer" ansehen. Er ist zwar im Prinzip zum Baden freigegeben, allerdings wird aufgrund seiner Speisung nur durch Grundwasser regelmäßig das ökologische Gleichgewicht überprüft, weshalb – zeitweise – Sperren des Sees für Badende im Raum stehen.

In Sachen ökologischer Wunderwerke gibt es in Wien übrigens noch einiges anderes zu bestaunen. So ist ausgerechnet und geradezu paradoxerweise die neue Zentrale der Wiener Netze, die sich eigentlich mit dem Verkauf von Strom beschäftigt, in dem derzeit größten Passivhaus der Welt untergebracht. Es handelt sich dabei also um ein Gebäude, das aufgrund seiner guten Wärmedämmung und diverser technischer Gimmicks wie Wärmetauscher gar keine klassische Gebäudeheizung braucht.

Auf den schon oben erwähnten Aspanggründen (in der Nähe

des Rennwegs) steht sogar die größte Passivhaussiedlung Europas. Oder, wie die Betreiber korrekter formulieren, eine Wohnhausanlage in „Passivhaus-Qualität“.

Aber auch hier kann die Seestadt auf- und übertrumpfen: Das Technologiezentrum aspern IQ wurde 2012 als erstes „Plus-Energie-Gebäude“ Österreichs errichtet. Es ist also ein Haus, das aufgrund seiner Ausstattung sogar mehr Energie erzeugt, als es verbraucht.

Des Kaisers himmlische Steine

Das Wiener Naturhistorische Museum verfügt über die älteste Meteoritensammlung und größte Meteoritenschau der Welt. Und dies beruht auf einer mehr als kuriosen Geschichte.

Tatsächlich war die Sammlung des Museums lange Zeit überhaupt die größte Sammlung himmlischer Steine der Welt. Mit derzeit 2.400 verschiedenen Meteoriten und 7.000 Objekten (es handelt sich teilweise um Fragmente von ein und demselben Meteoriten) liegt sie derzeit auf Platz drei und wird nur vom U.S. National Museum in Washington, D.C. übertroffen sowie einer großen Sammlung antarktischer Meteoriten in Tokio („National Institute of Polar Research"). Wobei Letzteres ein bisschen unfair ist, denn mit modernen Mitteln und im arktischen Eis lassen sich Meteoriten deutlich leichter finden.

Die permanente öffentlich zugängliche Schau des Naturhistorischen Museums ist mit 1.100 ausgestellten Objekten (sie stammen von 650 verschiedenen Meteoriten) auf jeden Fall die größte der

Welt und befindet sich im Saal fünf des Museums. Wie es so schön auf der Website des NHM heißt, war und ist die Sammlung außerdem eine „bedeutende Forschungsstätte für Meteoriten und die mit ihnen in Zusammenhang stehenden Impaktgesteine."

Impaktgestein. Großartiges Wort. Bin Instant-Fan davon. Apropos schöne Wörter: Frühere Bezeichnungen dieser Objekte lauteten unter anderem Aerolith (Luftstein), Uranolith (Himmelstein), Baethylie (beseelter Stein), Mondstein oder auch Donnerstein. Das Wort Meteorit stammt aus dem Griechischen und heißt mehr oder weniger „in der Luft befindlich".

Die Geschichte der Entstehung der Sammlung ist eine in mehrfacher Hinsicht interessante. Meteoriten werden, im Gegensatz zu anderen Naturwundern, nämlich noch gar nicht so lange gesammelt. Was zum einen daran liegt, dass sie, einmal gelandet, nur in manchen Fällen äußerliche Besonderheiten aufweisen, die sie von anderen irdischen Gesteinen unterscheiden. Wenn man also nicht beim Einschlag dabei war, kann man sie leicht übersehen. Nur manche Objekte, die besonders geformt waren oder einen metallischen Glanz hatten, und eben solche, bei denen der Finder den Einschlag beobachtet hatte, landeten in der einen oder anderen meist adeligen Kuriositätenkammer. Der andere Grund liegt in einer sehr lang bestehenden Anzweiflung der immer wieder berichteten Tatsache, dass plötzlich irgendwo Steine vom Himmel gefallen wären. Dies wurde nicht aus wissenschafts-skeptischen Gründen angezweifelt, sondern im Gegenteil: Die sich gerade etablierende Aufklärung wandte sich explizit gegen Wunder- und Aberglauben und so wurde der „Sternenfall" mit behaupteten Ereignissen wie Fisch- oder Blutregen gleichgesetzt. Das war der Grund, warum sehr lange – bis ins 19. Jahrhundert hinein – die Existenz von himmlischen Steinen von vielen Forschern geleugnet wurde. Manche behaupteten, die eigenartigsten der Fundstücke seien eindeutig auf der Erde entstanden, etwa durch Erosion oder Blitzschlag, Berichten von Augenzeugen wurde einfach nicht geglaubt. Einige dieser Theorien werden sehr schön in „Ideen zur Naturerklärung der Meteor- oder Luftsteine“ von C. I. Diruf (1805) zusammengefasst, unter anderem die Theorie, die Steine seien abgebrochene Stücke des Mondes oder würden durch bestimmte chemische Prozesse in den Wolken entstehen und daraus „hervorregnen“. Denn die Theorie, die Steine kämen von weit her aus den Tiefen des Kosmos, wurde lange angezweifelt oder sogar als blasphemisch angesehen (selbst die Idee von der Tiefe des Kosmos an sich wurde lange bezweifelt – wie von manchen Zeitgenossen ja auch heute noch). Die vorherrschende Lehrmeinung der Astronomie war, dass der Raum zwischen den Planeten eine zwar weite, jedoch materienfreie Leere darstellt. Kurz, die etablierte Wissenschaft stand der Existenz von Meteoriten skeptisch bis feindlich gegenüber, da sie nicht so recht in ihr Weltbild passen wollte.

Dann allerdings fiel etwas herab, das man nicht so ohne Weiteres ignorieren konnte: Am 26. Mai 1751 stürzten zwei Eisenmassen in Hraschina in der Nähe von Zagreb, Kroatien (damals Agram und Teil von Österreich), vom Himmel. Und da es sich begab, dass seine Hoheit Kaiser Franz I. (Franz Stephan von Lothringen, besser bekannt als der Gatte von Maria Theresia, die ja genau genommen keine Kaiserin war), ein großer Freund der Naturwissenschaft (sowie des Okkulten, siehe das Kapitel „Schönbrunner Kabbala“), nur drei Jahre davor eine große Naturaliensammlung erworben hatte und durchaus daran interessiert war, sie zu vermehren, forderte er also nebst peinlich genauen Berichten des Vor- beziehungsweise Herunterfalls auch die Stücke selber an. Und kurze Zeit später wurde ihm beides an den Hof geliefert. Nämlich ein Bericht und ein himmlischer Eisenbrocken mit nicht weniger als 39 kg Gewicht, der sodann die Meteoritensammlung in Wien begründete.

Der zweite Brocken ist übrigens nicht erhalten, der Grund findet sich in diesem zeitgenössischen Bericht: „Hier wurde ein kleines Wölkchen gesehen, das einiges Gekrach hervorbrachte und sich sodann auflöste. Zwei Kugeln sind in die Erde gefallen, welche der Ortspfarrer ausgraben ließ. Eine der Kugeln wurde dem Kaiser Franz I. nach Wien gebracht, die andere wurde in mehrere Stücke zerteilt und sogar Nägel damit gemacht."

Und nun der Clou mit einem Wermutstropfen. Der Clou: Fortan war es Gesetz, jeden im Habsburgerreich vom Himmel fallenden Stein dem Kaiserhof zu senden. Denn der Leitgedanke war hier, dass der Kaiser natürlich von Gottes Gnaden, also vom Himmel, eingesetzt war (an sich jeder Monarch, aber noch mehr der Kaiser des Heiligen Römischen Reiches Deutscher Nation) und daher alles, was vom Himmel stammt, natürlich und fraglos Eigentum des Kaisers sei.

Der Wermutstropfen: Ich kann die Geschichte nicht sicher belegen. Denn obwohl ich bekanntermaßen ein phantastisches Gedächtnis für scheinbar Nebensächliches aller Art habe, merke ich mir dennoch meist nur den seltsamen Fakt und eher selten die Quelle dazu. Ich schwöre zwar Stein und Bein, dass ich das mit dem Kaiser und dem Himmel in irgendeiner seriösen Quelle gelesen oder in irgendeiner seriösen Sendung im Radio gehört habe, muss aber eingestehen, dass es mir im Zuge des Verfassens dieses Artikels nicht gelungen ist, diese Quelle wieder zu entdecken.

Sollte ich mich falsch erinnern oder meine Quelle im Endeffekt doch unseriös gewesen sein, haben Sie hiermit immerhin noch eine nette Geschichte. Ich bin ja in erster Linie doch nur Gschichtldrucker und betreibe mit diesen Zeilen keine exakte Wissenschaft. – Ganz im Gegensatz zu den Meteoritensammlern und -forschern am Ring. Die taten das nämlich von Anfang an und unter widrigen Umständen. Denn während die Sammlung bereits beständig weiter wuchs, war ihre Herkunft aus den Tiefen des Kosmos noch lange umstritten. Ein endgültiges Umdenken der Wissenschaft erfolgte erst nach einem Ereignis, das heute als „Steinregen von L'Aigle" (1803) bekannt ist. Damals prasselte einfach so viel Gestein vom Himmel, 2000 bis 3000 Einzelstücke wurden in der Folge gefunden und sichergestellt, damit es niemand mehr leugnen konnte, dass diese Dinge geschehen. Allerdings war man danach noch immer nicht davon überzeugt, dass die Steine von außerhalb der Erde stammten, und es hielten sich noch eine Weile verschiedene Erklärungs-Theorien, eine davon war, dass es sich um „kondensierte Dämpfe der Metallverarbeitung" handeln könnte.

Der Durchbruch gelang dann wieder in Wien: 1808 entdeckte man hier die sogenannten „Widmanstätten'schen Figuren" oder „Widmanstätten-Strukturen", netzartig sich überkreuzende Striche, die sich in irdischen Stein-Proben nicht finden.

Die Sammlung hat in den 200 Jahren ihres Bestehens verschiedene Höhen und Tiefen erlebt, wird aber auch heute noch beständig erweitert. Durch Geldspenden und vererbte Sammlungen gelingt es den zuständigen Wissenschaftern immer wieder, neue interessante Objekte dem Bestand hinzuzufügen.

Nachschub gibt es ja genug, da schätzungsweise mindestens 100 Tonnen Meteoriten täglich (!) auf die Erde stürzen. Das meiste davon zerbröselt aber und erreicht den Boden, wenn überhaupt, nur als Staub.

2014 versuchte das Naturhistorische Museum sogar mittels Crowdfunding, 110.000 Euro zusammenzubekommen, um damit einen seltenen 433 g schweren Mondstein zu erwerben. Die Sache scheiterte, aber wir lernen daraus Folgendes: Auch staatliche Institutionen stehen öfter als man denkt vor finanziellen Hürden, und es gibt durchaus originelle Ansätze, diese zu umgehen. Außerdem gelang es schließlich doch, genug Geld aufzustellen, um zumindest ein paar kleinere Brocken Mondgestein zu sichern. Die Idee hinter solchen Einkäufen ist übrigens keine des Prestiges, sondern ein doppeltes wissenschaftliches Interesse. Einerseits geht es darum, durch die Erforschung der Steine neue Erkenntnisse zu gewinnen, und andererseits, um die Bewahrung für zukünftige Zeiten – die vielleicht mit neuen Forschungsmethoden und neuen Techniken weitere Fragen über den Kosmos beantworten könnten. Denn andernfalls würden viele dieser wichtigen Zeugnisse auf Nimmerwiedersehen in privaten Sammlungen verschwinden.

Flache Denkmäler II

Über die vielfältigen „flachen Denkmäler“ Wiens, also im oder am Boden angebrachte Erinnerungstafeln, Plaketten und andere Besonderheiten, habe ich bereits in meinem Buch „Furioses Wien“ einiges geschrieben. Unter anderem kamen dort auch die weithin bekannten Steine der Erinnerung vor, welche die Wohnorte von vertriebenen und ermordeten ehemaligen Bewohnern, mehrheitlich Jüdinnen und Juden, in verschiedenen Teilen der Stadt dokumentieren und markieren. Im zweiten Bezirk, wo vor dem Zweiten Weltkrieg besonders viele Juden gelebt hatten, finden sich diese Gedenksteine in großer Zahl.

Inzwischen entstand aber ein weiteres Projekt, das sich – nicht nur, aber auch – im zweiten Bezirk auf einigen Gehsteigen, unter anderem in der Kleinen Sperlgasse, befindet. In über zehn Zentimeter großen Buchstaben sind hier Worte und Sätze zu lesen, die als eine einzige lange Zeile ganze Häuserblöcke entlangführen. Es handelt sich dabei um ein temporäres Projekt, um eine Installation der Künstlerin Catrin Bolt mit dem Titel „Alltagsskulpturen Mahnmal“. Die Texte auf den Gehsteigen sind persönliche Erin-

TEILS DES PRATERS AB

nerungen von Holocaust-Überlebenden. In der Kleinen Sperlgasse steht folgendes geschrieben:

„Eines nachts geht meine Mutter mit mir aufs WC, oder was halt dort als WC bezeichnet war. Und da war die Tür zum Hof offen. Die Mutter tritt ein paar Schritte in den Hof, und dort steht mein Radl. Das war ja mein Heiligtum, nicht. Und wir sehen das, und das Gitter zur Straße war auch offen. Meine Mutter hat gesagt „Gehen wir", das Radl hat sie mitgenommen und ist bei dem Gitter dort hinausgegangen, es war drei Uhr in der Früh. Wir sind zurückgegangen in die Wohnung, und ab dann war ich aber eine Unperson."

Nicht weit davon entfernt, in der Großen Pfarrgasse, beim Restaurant Leopold, kann folgender Text nachgelesen werden: *„Also Poldi, der kaum weiter als Kaltenleutgeben oder Znaim oder in seiner Kindheit in Abbazia war, und in Reisen das Unbeholfenste, das man sich vorstellen kann, war, fuhr übers große Wasser. Seinen letzten Tag und Abend (Nacht) vor dem Wegfahren verbrachte er bei uns. Dass es Omama, wo er doch sein Leben lang wohnte, so leichter fiel. Er ging ganz einfach (natürlich äußerlich) von ihr weg. So wie immer, nur ein Satz, den er immer sagte, fehlte; das war, wann er zurückkam. Sie stand beim Küchenfenster, so wie immer, nämlich wenn eines ihrer Kinder erwartet wurde, stand Omama immer schon eine halbe Stunde früher beim Fenster und schaute in die Richtung Pfarrgasse bis Taborstraße hinauf, wo beim Kaffee Niebauer der O-, C- oder V-Wagen hielt, der einen in die Stadt oder zur Straßenbahn Schwedenplatz brachte, an der Konditorei vorbei."*

Andere auf dem Boden zu lesende Erinnerungen kann man an folgenden Orten entdecken: Im Hermann-Gmeiner-Park, bei der Staatsoper, am Im Werd, auf der Prater-Hauptallee, der Schiffamtsgasse, der Franzensbrücke, der Anton-Schmid-Promenade und beim Westbahnhof. Die Textfragmente stammen aus verschiedenen Erinnerungsbüchern von Opfern des Nationalsozialismus.

Rätselhafte Hauseinfahrten

Ein kleines Rätsel beschäftigt mich schon seit Jahren. Da es mir allerdings erst nach der Fertigstellung meines letzten Wien-Buchs so richtig bewusst geworden ist, legte ich die Sache vorerst ad acta. Nun, im Zuge des neuen Buchs, hatte ich aber endlich einen Grund, die Umstände genauer zu recherchieren. Wer, was die Voraussetzung für einen Entdecker von Kuriositäten und Seltsamkeiten aller Art ist, mit offenen Augen durch die Stadt geht, wird, wenn er mit ebendiesen offenen Augen in Hauseingänge und -einfahrten blickt, immer wieder Besonderes entdecken. Da gibt es zum einen sehr oft halbkreisförmige, schmiedeeiserne Metallbänder, die scheinbar sinnlos und als Stolperfalle aus der Wand ragen. Diese Gerätschaften aus früheren Zeiten waren aber einmal überaus sinnvoll: Es handelt sich um Stiefelkratzer. Denn früher waren die ungepflasterten Straßen oft sehr lehmig und – nach Regenfällen – sogar schlammig, da empfahl es sich, die oft recht dicke Schmutzschicht von den Sohlen zu kratzen, bevor man sich weiter

ins Hausinnere wagte und auch bevor man den Rest an der Türmatte (in Wien natürlich „Türtackerl“) abzustreifen versuchte. Sehr interessant ist oft auch die Art der Pflasterung der Hauseingänge und Durchgänge zum Hof. Manchmal besteht sie aus Pflastersteinen, manchmal aus Fliesen und gar nicht selten aus Holzpflastersteinen. Es handelt sich dabei um kubisch-geschnittene Holzwürfel, die aneinandergereiht in den Boden geschlagen wurden. Die Holzpflasterung hatte gegenüber der Steinpflasterung den – besonders im Gebäudebereich – unschätzbaren Vorteil, die Lärmbelästigung bei ein- und ausfahrenden holz- und metallbereiften Wägen in Grenzen zu halten.

Das eigentliche Rätsel aber, um das es hier geht, sind seltsame Metallschienen, die oft in diesen Hauseingängen im Boden eingelassen sind. Meistens handelt es sich um nur etwa einen Meter lang parallel-verlaufende Metallstangen im Abstand von einigen Dezimetern. Manchmal reichen diese Schienentrassen (es sei damit bereits vorweggenommen) allerdings auch weiter in das Haus hinein und führen in den Hof oder sogar in mehrere hintereinanderliegende Höfe. Völlig intakte Anlagen, also mit Anfangs- und Endpunkt, habe ich allerdings noch nie gesehen, weshalb diese Schienenreste meist einen etwas seltsamen Eindruck hinterlassen. Meine Theorie über ihren Zweck (die sich später als richtig herausstellen sollte) beruht darauf, dass einige der heutigen Wohngebäude früher auch kommerziellen Zwecken (im Sinne der Manufaktur) dienten. So gab es in Wien in der ganzen Stadt und auch in der Innenstadt, ja, sogar im ersten Bezirk, bis ins letzte Jahrhundert kleine Fabrikanlagen in oder direkt neben Wohnhäusern. Wie zum Beispiel eine Schokoladefabrik in der Sterngasse im ersten Bezirk zwischen Hohem Markt und Salzgries. Meine Recherche führte schließlich zu der glaubhaften Auskunft eines Auskenners in einem Onlineforum. Ich zitiere die Erklärung des Users

„schaffnerlos" auf www.bahnforum.info hier wörtlich: „(...) solche ‚Hausbahnen' gab es in Wien massenhaft, auch in den Innenbezirken. Meistens dienten sie nur dazu, die Waren von der Straße mittels Loren in den Hof zu transportieren, weil die Fuhrwerke oder LKWs zu breit für die Einfahrten waren. Bei ‚weitläufigeren' Geländen auch zum Transport innerhalb. Der Antrieb war meistens per Hand, gelegentlich auch mit Pferd oder Maschine. (...) Wer mit offenen Augen durch die Stadt geht und in die Einfahrten hineinschaut, wird noch viele solcher Schienenrelikte finden können."

Abgehakt. Und wieder um ein Stück (Wien-)Wissen reicher. Herzlichen Dank an *schaffnerlos*.

Der Mohr in der Loge

Die folgende Geschichte ist einerseits eine einzigartige Erfolgsgeschichte, andrerseits ist sie Beleg für eine – nicht nur aus heutiger Sicht – beispiellose Unmenschlichkeit. Das Schicksal der beschriebenen Person gehört zum Grausamsten und Schändlichsten, das Wiens Historie zu bieten hat.

Doch nun von Anfang an: In der Zeit vor der Globalisierung galten Europäern oft schon Besucher aus den Nachbarstaaten als außergewöhnlich und beinahe exotisch. Noch im 18. Jahrhundert war es kaum einer Wienerin oder einem Wiener vergönnt, eines Angehörigen einer anderen Ethnie ansichtig zu werden. Vor Kurzem hatte ich ein augenöffnendes Gespräch mit einem meiner Bekannten. Er stammt aus Afrika und verkauft die Wiener Straßenzeitung „Augustin". Ich erzählte ihm, dass ein Teil der Vorurteile gegenüber schwarzen Menschen hierzulande darauf beruht, dass es in Österreich, ja, sogar in einer Fast-Weltstadt wie Wien, noch bis in die 1980er-Jahre hinein ausgesprochen ungewöhnlich und selten war, einem schwarzen Menschen auf der Straße zu begegnen. Und wenn das damals doch der Fall war, dann handelte es sich vermutlich um einen amerikanischen Touristen, einen Angehörigen der UNO, einen Botschafter oder einen Musiker, der in Österreich gastierte. Daran änderte auch die Existenz des einen oder anderen schwarzen Prominenten in Deutschland (Roberto Blanco) oder in Österreich (Lance Lumsden) wenig. Ich denke sogar, dass es vielen Österreichern vor der medialen Präsenz von Arabella Kiesbauer nicht bewusst war, dass es überhaupt Landsleute mit schwarzer Hautfarbe gibt. Jedenfalls erzählte ich meinem Bekannten auf der Straße, dass schwarze Menschen im Wiener Stadtbild bis vor relativ kurzer Zeit ein derart ungewöhnlicher Anblick waren, dass sie von einigen noch immer irritiert wahrgenommen und ihnen darüber hinaus klischeehafte, negative Eigenschaften unterstellt werden. Seine Antwort darauf lautete, dass er genau verstehe, was ich meine. Denn er, etwa gleich alt wie ich, kenne diesen Umstand aus seiner Heimat Kamerun. Denn, umgekehrt, wäre dort noch in den 1980er-Jahren das Auftauchen eines Weißen sehr selten und sensationell gewesen. Und auch in Kamerun, meinte er, hielten sich die Vorurteile gegenüber Weißen bis heute. Dort würden Weiße immer klischeehaft als intelligenter, tüchtiger und irgendwie überlegen eingeordnet werden. Wir lachten und das Gespräch endete schließlich damit, dass wir übereinkamen, dass beide Einschätzungen mittlerweile überall auf der Welt eindeutig widerlegt seien und Intelligenz, Tüchtigkeit oder Überlegenheit wohl mehr oder weniger zufällig auf alle Menschen verteilt seien und nichts mit der Hautfarbe zu tun hätten.

Was uns zum eigentlichen Protagonisten unserer Geschichte zurückführt, der dieses Prinzip besonders eindrucksvoll verkörperte. Und das schon vor 250 Jahren. Wie erwähnt, war alles, was von mehr als ein paar 100 km nach Wien kam, für die meisten Reichshauptstädter selten und exotisch. Das galt für Pflanzen und Früchte (vor dem Ersten Weltkrieg gab es nicht einmal Tomaten in

Österreich), für Tiere (das jeweils erste Erscheinen eines exotischen Tieres, wie Giraffe, Elefant oder Löwe, wurde in Wien jeweils zum Sensationsereignis des Jahres, zumal diese Tiere, die in Zoos und Privatbesitz ganz und gar nicht artgerecht gehalten wurden, meist in kürzester Zeit eingingen) und auch für Menschen.

Zwar kamen immer wieder Abgesandte aus fernen Ländern, etwa vom Hofe des Zaren oder des Sultans in Istanbul, nach Wien und auch so mancher Handelsreisende kam von weit her, aber Menschen anderer Kontinente, die auf Dauer in Wien ansässig wurden, waren ausgesprochen selten. Nicht ganz so selten war der Brauch in Adelshäusern, sich exotische Lakaien zu „halten" und einander mit solchen gegenseitig zu beschenken. Die Frage des Status der Person, Sklaverei war ja in der Neuzeit in Europa durchaus unüblich, wenn auch erst im Zuge des Wiener Kongresses wirklich geächtet, wurde von Fall zu Fall entschieden. Exotische Jugendliche oder Kinder zu „verschenken" schien jedenfalls in den meisten Fällen keine anrüchige Sache zu sein. So erging es auch dem um 1721 geborenen jungen (mutmaßlichen) Nigerianer aus dem Volk der – wie angenommen wird – Kanuri. Nachdem sein Stamm in einer kriegerischen Auseinandersetzung vernichtet worden war, wurde der junge Mann versklavt. Auf seinem Weg Richtung Norden erhielt er zuerst den Namen André, später nannte ihn seine neue „Besitzerin" Angelo. Auf diesen Namen wurde er schließlich auch getauft (in Messina) und der Name Sollima wurde ihm als offizieller Nachname hinzugefügt, nach seinen „Besitzern" in Messina, der Grafenfamilie Sollima. Später wurde der Name verballhornt und lautete schließlich Soliman. Doch auch die Taufe hinderte niemanden daran, Angelo Soliman an andere weiße Adelige weiter zu „schenken". 1734 landete er schließlich beim Fürsten Johann Georg Christian von Lobkowitz

als Reisebegleiter und Kammerdiener. Der „fürstliche Mohr" hatte sich dort auch als Soldat zu verdingen. Letzteres war für den weiteren Verlauf seines Lebens nicht unwesentlich, denn Angelo Soliman rettete seinem Herrn in einer Schlacht das Leben. Damit gewann er Prestige und Ansehen und stieg nach dem Tod von Lobkowitz bei seinem neuen Herrn, Fürst Wenzel von Liechtenstein, zum Chef-Kammerdiener auf. In dieser Stellung machte er sich bald Freunde in adeligen Kreisen und auch Kaiser Joseph II. schätzte ihn als Gesprächspartner und Gesellschafter, mit dem er sogar öffentlich Arm in Arm spazieren ging. Die detaillierte und sehr wechselhafte Biografie des Afrikaners lässt sich heute leicht an mehreren Stellen nachlesen, hier genügt es zu sagen, dass Soliman später eine Österreicherin heiratete, zum Prinzenerzieher bei einem weiteren Fürsten von Liechtenstein wurde und schließlich sogar in eine Wiener Freimaurerloge aufgenommen wurde. Und das war nicht irgendeine, sondern die elitäre Loge „Zur wahren Eintracht", zu der auch Mozart und Haydn gehörten. Und in der ihm auch wichtige Positionen übertragen wurden, wie die des „Vorbereitenden Bruders" („frère terrible"), der Neulingen die vorgeschriebenen Prüfungen abnahm, später wurde er „Vize-Zeremonienmeister".

Soweit die Erfolgsgeschichte. Vom versklavten afrikanischen Jüngling zu einem allseits geachteten Bürger Wiens im Zeitalter der Aufklärung, das kann man eine beachtliche Karriere nennen.

Doch nach seinem Tod im Jahre 1796 geschah folgendes:

Nachdem, wie das bei höher gestellten Bürgern üblich war, eine Totenmaske von seinem Gesicht genommen wurde, passierte mit Angelo Solimans sterblichen Überresten etwas, das – auch schon damals – unfassbar war. Seine inneren Organe wurden entnommen und vermutlich bestattet (am 23. November 1796 fand jedenfalls eine offizielle Beerdigung am Währinger Friedhof im Beisein seiner Tochter statt). Die Haut des Wiener Bürgers Angelo Soliman aber wurde präpariert, ausgestopft und das Ergebnis im 1797 eröffneten Kaiserlichen Naturalienkabinett („Physikal-, Kunst-, Astronomie- und Naturkabinett“) ausgestellt. Aber nicht, wie man vielleicht annehmen würde, als Post-Mortem-Abbild des außergewöhnlichen Mannes und Freimaurers Angelo Soliman. Nein, im Widerspruch zu seiner Biographie wurde er als halbnackter Wilder im Lendenschurz, komplett mit fantastischer und natürlich rein erfundener Ausstattung wie einer Muschelkette oder einer Federkrone präsentiert. Der Zoologe Leopold Fitzinger schrieb dazu 1869: „Angelo Soliman war in stehender Stellung mit zurückgerücktem rechten Fuße und vorgestreckter linker Hand dargestellt, mit einem Federgürtel um die Lenden und einer Federkrone auf dem Haupte, die beide aus roten, weißen und blauen, abwechselnd aneinander gereihten Straußfedern zusammengesetzt waren. Arme und Beine waren mit einer Schnur weißer Glasperlen geziert und eine breite aus gelblichweißen Münz-Porcellanschnecken (Cyprea Moneta) zierlich geflochtene Halskette hing tief bis an die Brust herab.“

Zwar gibt es aufgrund der Quellenlage einige unterschiedliche Meinungen dazu, ob das ganze völlig gegen Angelo Solimans Willen geschah oder ob er zumindest dem Präparieren seiner Haut zu wissenschaftlichen Zwecken zugestimmt haben könnte, aber es ist davon auszugehen, dass diese Art des Umgangs mit seinem Körper nicht in seinem Sinne gewesen wäre. Davon zeugen auch die Proteste seiner Tochter, immerhin durch Verehelichung mit einem Freiherrn als Baronin Angehörige des (wenn auch niederen) Adels, die noch in seinem Todesjahr, nachdem sie von dem Plan erfahren hatte, mehrfach bei den offiziellen Stellen gegen diese Behandlung ihres toten Vaters protestierte und sich vergeblich dafür einsetzte, ihn christlich bestatten zu können. Über die Art der Präsentation gibt es ebenfalls verschiedene Überlieferungen und Theorien, sie reichen von einer gebauten Afrikakulisse, also einem Diorama, mit ausgestopften Tieren (und möglicherweise anderen ausgestopften Schwarzen oder anderen exotischen Menschen) bis zu einer etwas würdigeren Unterbringung in einem Glasschrank mit Vorhang, der nicht für die Öffentlichkeit bestimmt war.

Obwohl das „Wie" unklar ist, das „Ob" kann nicht infrage gestellt werden. Was offen bleibt, ist das „Warum". Schwarze Haut hin oder her, für die Zeit um 1800 – immerhin befand man sich in der Ära der Aufklärung – war es definitiv unüblich, einen angesehenen, gebildeten Bürger, der neben seiner Muttersprache Deutsch, Italienisch, Französisch, Englisch, Latein und Tschechisch beherrschte, einfach auszustopfen. So gibt es auch eine Theorie, die davon ausgeht, dass das Ganze ein bewusster Akt der Provokation durch niemand geringeren als den Kaiser war. Der hieß inzwischen Franz II. und wir bringen ihn, einmal davon abgesehen, dass er der Kaiser der napoleonischen Kriege und des Wiener Kongresses war sowie der letzte Kaiser des Heiligen Römischen Reiches, vor allem mit dem Namen Metternich und dem Begriff Biedermeier in Verbindung. Diese recht repressive Zeit war eine Art Backlash nach der gerade durch Joseph II. und zahllose Reformen geprägten Zeit der Aufklärung. Philipp Blom, der Kurator einer Ausstellung im Wien Museum im Jahr 2011, die Angelo Soliman gewidmet war, vertritt die These, dass der Kaiser den schwarzen Edelmann absichtlich und quasi als Watsche für die aufgeklärten Kreise seiner Zeit aufstellen ließ, die aufgrund ihrer weltoffenen liberalen Überzeugungen Solimans Aufstieg erst ermöglicht hatten. In einem Interview in der Tageszeitung „Der Standard" meinte Blom dazu: „Dieser Akt, einen Menschen wieder zum Objekt zu machen (...) scheint schon verkörpert symbolisch zu sein. Das ist mehr als nur wissenschaftliche Neugier, und das macht diesen Akt auch so monströs. Das ist ja auch posthume Beleidigung."

Tatsächlich hatte der Spuk bereits 1806 sein vorläufiges Ende. Zumindest wurde Solimans Leichnam danach nicht mehr im kaiserlichen Kabinett ausgestellt. Der damals neue Direktor sorgte für die Entfernung aller Menschenpräparate aus der Ausstellung. Diese wurden allerdings nicht beigesetzt, sondern kamen ins Depot, wo sie zumindest für Auserwählte oder gegen entsprechendes Trinkgeld sicher noch diversen neugierigen Augen preisgegeben wurden. Als eine Art Entschuldigung erhielt Solimans Schaukasten angeblich (immerhin) folgende Aufschrift: „Vi nec e merito est Angelus inter bestias situs" (Durch Zwang und nicht, weil er es verdient hätte, wurde ein Engel zwischen wilde Tiere gestellt). Wobei Engel („Angelus") zweifellos auf Solimans Vornamen anspielt.

1848 bekamen seine präparierten Überreste durch Zufall aber doch eine Art Feuerbestattung: Während des Oktoberaufstands verbrannte im Zuge der Rückeroberung der Stadt durch die kaiserliche Armee das Depot des Kabinetts und damit auch Solimans Mumie. Seine Totenmaske befindet sich heute in Form eines Kopfabgusses aus Gips im Rollettmuseum Baden. Einige Gemälde mit seinem Porträt und auch solche, auf denen er als eine von vielen Personen dargestellt wird, sowie ein Scherenschnitt seines Profils sind ebenfalls erhalten.

Der Name Soliman blieb auch über seinen Tod und den Umgang mit seinem Körper hinaus lange Bestandteil des Wiener kollektiven Bewusstseins, er ist in den verschiedensten Zusammenhängen tradiert. Schon kurz nach seinem Tod, genauer gesagt elf Jahre danach, erschien eine erste Biographie über den „Mohr von Wien", verfasst von der Wiener Schriftstellerin Caroline Pichler. Diese konnte zwar theoretisch noch auf Aussagen von lebenden Freunden Solimans zurückgreifen, ihr Text bestand aber dennoch größtenteils aus reiner Fantasie, besonders was seine Herkunft und seine frühen Jahre betraf. Sie machte ihn zu einem „edlen Wilden" aus „Pangutsilang" – ein Name, der genauso gut aus einem Nestroy-Stück stammen könnte.

Der breiten Öffentlichkeit waren die Umstände des Verbleibs seines Leichnams lange nicht bekannt, sie wurden erst 1843 in literarischer Form publik. Franz Gräffer schrieb in seinem Buch „Josephinische Curiosa" (der Autor war wohl eine Art Vorreiter meiner Zunft) im Kapitel „Josephs schwarzer Freund und Königssohn Angelo Soliman" folgendes: „Die Gestalt Angelo Solimans, plastisch in seiner natürlichen Haut existirt noch, und zwar im Wiener Naturhistorischen Museum, im vierten Stockwerk in einer besondern Localität, nicht Jedermann zugänglich." (Der Text dieses Buches ist übrigens im Rahmen des Gutenbergprojekts online abrufbar.) Dass Soliman auch Freimaurer gewesen war, blieb – allerdings durchaus dem Usus der Brüder entsprechend – sogar noch länger ein Geheimnis.

Auch später wurde sein Leben immer wieder zu literarischem Stoff. So ist er Vorbild einer – allerdings ein negatives Klischee verkörpernden – Figur in Robert Musils „Mann ohne Eigenschaften". Etwas besser, wenn auch gewohnt grotesk, kommt er bei Fritz von Herzmanovsky-Orlando zu Ehren, der ihn in „Apoll von Nichts oder Exzellenzen ausstopfen, ein Unfug" als „hohe Mumie" literarisch verewigte.

Wenigstens wuchs – gut 200 Jahre nach seinem Sterbedatum – langsam, aber beständig das Wissen und Bewusstsein über ihn und seine Geschichte. Was im Jahr 2011 in der Ausstellung „Angelo Soliman. Ein Afrikaner in Wien" kulminierte, in der als Fortführung der künstlerischen Verarbeitung der historischen Person unter anderem das Bild „Angelo X" des Künstlers Robert

Sturm gezeigt wurde, das Soliman als Malcom X, einen der wichtigsten Führer der Black Power Bewegung in den vereinigten Staaten, zeigt. 2013 wurde auch eine Verkehrsfläche im dritten Bezirk nach ihm als Angelo-Soliman-Weg benannt – wenn es sich auch nur um eine Unterführung (von der Löwengasse zur Weißgerberlände) handelt (hier im Wiener Vorort Weißgerber lebte die Familie Soliman eine Zeitlang).

Donauinsel-Blues

In einem Buch über Wiener Wunder muss natürlich auch das Größte und Zentralste der Stadt vorkommen: die Wiener Donauinsel.

Nun ist das 21,1 km lange Erholungsareal zwischen Hauptbett der Donau und sogenannter Neuer Donau für die meisten Bewohner der Stadt seit Jahrzehnten eine Selbstverständlichkeit, sodass man versucht sein könnte, das Wunder der Insel an sich sowie die vielen kleineren Wunder auf ihr und rund um sie zu vergessen beziehungsweise zu übersehen.

Die grundsätzliche Geschichte der Donauinsel dürfte Wienern und Österreichern, die älter als dreißig sind, noch einigermaßen bekannt sein. Entweder weil sie selbst noch im ehemaligen Überschwemmungsgebiet Drachen steigen lassen haben oder weil sie sich zumindest an die Bauzeit und die üblichen politischen Streitereien rundherum erinnern. Zur Erinnerung und für alle anderen hier ein bisschen insulare Historie in Kürze.

Nach der Begradigung der Donau in einem eigenen künstlich geschaffenen Bett beließ man am linken Ufer einen 450 m breiten

Grünstreifen – in weiser, beziehungsweise eher erfahrungsgemäßer, Voraussicht künftiger Flutereignisse. Passenderweise bekam dieses Areal den Namen Überschwemmungsgebiet, auf Amtsdeutsch hieß es „Inundationsgebiet" und durfte bis auf wenige Buden und andere nicht dauerhafte Kleinstbauwerke nicht bebaut werden. Im Prinzip funktionierte die Sache auch. Es zeigte sich aber, dass der Hochwasserschutz bei besonders großen Wassermengen, wie insbesondere in den Jahren 1897, 1899 und 1954, nicht ausreichend war und auch das rechte Ufer beim Handelskai überschwemmt wurde. Es sollten diesmal nur schlappe 18 Jahre vergehen, bis man sich 1972 zu einer neuen Regelung durchrang. Endgültig fertiggestellt wurde die Donauinsel 1988. Wie auch bei anderen Stadtentwicklungs-Projekten – wie der Umwandlung der Kärntner Straße in eine Fußgängerzone, der Errichtung der UNO-City sowie des Museumsquartiers – war die Wiener ÖVP strikt gegen die Donauinsel-Pläne. (Was im Analogschluss die Hoffnung nährt, dass die viel umkämpfte Begegnungszone auf der Mariahilferstraße – gegen die die Wiener ÖVP ebenfalls war – in wenigen Jahren zum beliebten, selbstverständlichen und hochgeschätzten Wien-Bestandteil avancieren wird.)

Doch zurück an die Donau. Jedenfalls war geplant, auf der ganzen Länge des Überschwemmungsgebiets ein neues zusätzliches Bett für die Donau zu errichten, das durch ein Wehr abgetrennt und nur im Falle eines drohenden Hochwassers zum Durchfluss freigegeben werden sollte. Dieser neueste Bestandteil des auch heute noch vielarmigen Donaustroms erhielt den wenig charmanten Namen Entlastungsgerinne, der mittlerweile durch das wesentlich besser klingende „Neue Donau" ersetzt wurde. Und es ist logischerweise diese Neue Donau, die die Insel erst zu einer Insel macht. Aber nicht zu irgendeiner! Denn dieser künstliche Arm der Donau ist eigentlich keiner. Wie gerade erörtert, wird er nur im Bedarfsfalle für den freien Fluss des, nun, Flusses geöffnet. Dazwischen, oft jahrelang, handelt es sich um ein stehendes Gewässer. Und dieses hat, im Gegensatz zur Donau, Badewasserqualität. Welch ausgeklügelte Technik, so mögen sich nun manche fragen, vermag, das doch schon mit verschiedensten Abwässern und Sedimenten gesättigt nach Wien kommende Donauwasser so sehr zu reinigen? Die Antwort ist ausgesprochen verblüffend: gar keine. Der Trick besteht lediglich darin, dass das Niveau der Neuen Donau etwas tiefer liegt als das des Hauptstroms. Das Wasser des Hauptstroms sickert also durch das Erdreich der Donauinsel ins Entlastungsgerinne. Was völlig ausreicht, um das Wasser für den Menschen verträglich zu machen. Wenn man so will, ist die Donauinsel also keine Insel, sondern der wahrscheinlich längste Filter der Welt.

Etwa einmal innerhalb eines Jahrzehnts kann man dieses Phänomen selbst beobachten. Wenn ein akutes Hochwasser den Durchfluss der Donau durch ihr Reservebett erzwingt. (Zuletzt wurde das Wehr im Jahr 2013 vollständig geöffnet.) Dann steigt das Niveau der Neuen Donau um einige Meter und verwandelt das sonst klare, stehende Gewässer in eine mal träge, mal schnell dahinfließende braun-gelb-grüne Brühe (sagen Sie das mal dreimal schnell hintereinander), die auch die sonst stark frequentierten Spazier- und Radwege am linken und rechten Ufer unter Wasser setzt. Nach einiger Zeit sinkt der Wasserspiegel wieder und hinterlässt an den Uferzonen eine auf den ersten Blick verwüstete Landschaft, mit eher unappetitlich aussehenden Spuren von Schlamm und Treibgut. Ist die Hochwassergefahr dann aber tatsächlich gebannt, sorgen fleißige Kräfte der Wiener Magistratsabteilungen sowie die Natur selbst für eine rasche Reinigung des Grünareals. Inzwischen wird durch die Öffnung der unteren Wehranlagen das Niveau der neuen Donau wieder auf den üblichen Höchststand gebracht und der „magische Filter“ Donauinsel geht ans Werk. Langsam, aber sicher wird das Wasser wieder klarer und erreicht nach einigen Wochen erneut Badequalität. Wenn das kein modernes Wunder ist! Bis jetzt hat sich dieser Hochwasserschutz jedenfalls bewährt, seit seiner Errichtung wurden keine bebauten Ufergebiete der Donau mehr überschwemmt.

Übrigens, wie jeder weiß, der schon einmal eine Schiffsrundfahrt rund um die andere große Donauinsel (2. und 20. Bezirk) gemacht hat, befindet sich auch am Beginn des Donaukanals eine Wehranlage. Die wird aber bei drohendem Hochwasser (und früher auch bei Gefahr durch den sogenannten Eisstoß) im Gegensatz zum Wehr bei der Neuen Donau fest geschlossen, wodurch eine Überflutung der Innenstadt schon seit 1873 verhindert wird.

Abgesehen von seiner unvergleichlichen Filterwirkung schafft die Donauinsel per se auch etwas, um das viele andere Städte Wien nur beneiden können: ein zentral gelegenes, grünes, riesiges Erholungsgebiet (insgesamt 3,9 km^2 Fläche, ohne die Grünflächen beim Ufer Floridsdorf/Donaustadt miteinzuberechnen) mit insgesamt 42,2 km Badestrand! Potenziellem Badestrand, sollte man ergänzen, da der Wasserzugang nicht überall gleich einfach oder anzuraten ist.

Über die Tatsache hinaus, dass die Insel selbst ein modernes Wunder darstellt, beherbergt die Donauinsel auch eine Reihe andere, „mindere“ Wunder. Viele davon sind mehr oder weniger bekannt und erscheinen durch Gewohnheit vielleicht gar nicht mehr so außergewöhnlich. Sind es aber doch.

Da wäre zum einen das Donauinselfest. Mit um die drei Millionen Besuchern an drei Tagen handelt es sich dabei um das größte Musikfestival Europas! Das seit 1984 einmal jährlich stattfindende Fest ist dabei nicht einmal das einzige Festival oder Musikereignis, das auf der Insel stattfindet. Aber bei weitem das größte. Und es geizt nicht gerade mit Superlativen. So befinden sich im Durchschnitt an die 250.000 Besucher gleichzeitig auf dem Festival. Und manchmal nehmen sogar annähernd so viele an einzelnen Konzerten teil. Um das genauer zu illustrieren, ein kleines Ranking der Top fünf, wie heute üblich von hinten, also mit Platz fünf, beginnend:

5. 150.000 Zuschauer, 1993, Falco
4. 180.000 Zuschauer, 2006, Christine Stürmer
3. 200.000 Zuschauer, 2007, Reinhard Fendrich
2. 220.000 Zuschauer 1990, Udo Jürgens
1. 250.000 Zuschauer, 1995, Kelly Family

Nota bene handelt es sich hierbei um ein Ranking nach Besucherzahlen, nicht nach Qualität. Ähem. Außerdem waren bei dem Konzert von Falco, wie praktisch jeder Österreicher, der die Zeit erlebt hat, und auch viele Nachgeborene genau wissen, die Wetterverhältnisse wirklich miserabel.

Ein weiteres und oft übersehenes wunderbares Detail des Festivals ist, dass der Besuch der Dutzenden großen und kleinen Konzertbühnen für die Besucher gratis ist. Durch direkte Einnahmen der Pächter der über 150 Verkaufsstände für vor allem Essen und Getränke sowie durch Umwegrentabilität – vor allem der Hotellerie bescheren die vielen anreisenden Festivalbesucher eine sehr zufriedenstellende Auslastung – bringt das Fest dennoch gut das Achtfache seiner Kosten ein. Das Erstaunlichste an dem Mega-Event ist aber die Tatsache, dass es seit Jahrzehnten grundsätzlich friedlich und störungsfrei abläuft, obwohl sich sowohl der Polizeieinsatz als auch die Zahl der Helfer (ca. 1400) im Vergleich zu den Besuchermassen in Grenzen hält. Und noch erstaunlicher ist es, dass spätestens zwei Tage, nachdem der letzte Besucher die Insel verlassen hat, alles wieder so aussieht wie zuvor: eine grüne und scheinbar unberührt daliegende Parklandschaft.

Andere Besonderheiten an und auf der Neuen Donau sind ein Schulschiff (das Bertha-von-Suttner-Gymnasium, zwei aneinandergekoppelte Schiffe mit über 900 Schülern); eine Wildwasserarena bestehend aus einem 250 m langen Wildwasserkanal mit 37 Hindernissen und einer Durchflussgeschwindigkeit von 12 m^3 Wasser pro Sekunde; ein künstlerisch gestalteter japanischer Kirschenhain, bepflanzt mit einem Teil der 1000 japanischen Kirschbäume, die der Stadt Wien zum 1000-Jahr Jubiläum Österreichs von japanischen Partnergemeinden als Geschenk übergeben wurden; oder ein aus Kleinstgewässern, Feuchtbiotopen sowie ungemähten Wiesenstreifen, Hecken und Wildäckern bestehendes „Biotopverbundsystem", das die gesamte Donauinsel durchzieht und verbindet. In dem als Wiesenteich bekannten Teil sind acht Amphibienarten (darunter Laubfrosch, Wasserfrosch, Knoblauchkröte, der Teich- und der Donau-Kammmolch) heimisch, die dort regelmäßig ablaichen und ihre „Juvenilentwicklung" durchmachen. Diese auf der ganzen Insel verteilten ökologischen Nischen wurden bewusst geschaffen, weshalb sich heute auch zahlreiche Vögel und Fischarten sowie größere Tiere wie Rehe, Hasen und Biber dort angesiedelt haben, was die Donauinsel so zum Teil tatsächlich auch zu einem Naturreservat macht. Dazu tragen auch die 1,8 Millionen Bäume und Sträucher (insgesamt etwa 170 Hektar Wald) bei, die dort im Laufe der Zeit angepflanzt wurden.

Es gibt übrigens auch menschliche Inselbewohner. Niemand weiß genau, wie viele Obdachlose und Aussteiger es sind, die, verborgen in dichtem Buschwerk, dauerhaft auf der Donauinsel wohnen. Teilweise tun sie das das ganze Jahr über, also auch während der kalten Wintermonate, mit Zelten und Campingkocher.

Andere Donauinsulaner zieht es nur zeitweilig auf die Insel oder das gegenüberliegende Ufer. Sie lockt nicht nur das klare

Wasser der Neuen Donau, sondern auch zahllose Spielplätze, Grillzonen mit 15 (allerdings voranmeldungspflichtigen) Grillplätzen sowie mehrere Hundezonen inklusive eigenen Hundebadezonen.

Und nicht zuletzt gibt es natürlich das beliebte und stark frequentierte FKK-Gelände. In Fortführung einer alten und noch immer gelebten Tradition der Freikörperkultur in den Donauauen, vor allem rund um die berühmte Dechantlacke (nackte Menschen, die bewusstseinserweiternden Substanzen nicht abgeneigt sind, leben hier seit Jahrzehnten mehr oder weniger unbehelligt eine nur durch die Temperaturen eingeschränkte temporäre Gegenkultur), ist auch die Neue Donau im Süden von Kilometer 2,1 bis Kilometer 5,1 eine Nacktbadezone. Weniger bekannt ist die FKK-Zone im Norden zwischen Kilometer 17,7 und 19,5. Damit ist Wien die Stadt mit den weltweit größten Nacktbadebereichen – da kann auch München und der Englische Garten nicht mithalten. Einer der Vorkämpfer für diese textilfreien Zonen, wie überhaupt für die Erhaltung der Donauinsel als Naherholungsgebiet, war der als „Waluliso" (steht für Wald, Luft, Licht, Sonne) bekannte Friedensaktivist und Wiener Stadtoriginal Ludwig „Wickerl" Weinberger. Er zeigte sein Faible für FKK auch dadurch, dass er oft nur mit einer Toga (mit Betonung auf nur) bekleidet durch die Wiener Innenstadt spazierte. Die 1988 errichtete Fußgänger- und Fahrradbrücke im südlichen Nacktbadebereich der Wiener Donauinsel erhielt ihm zu Ehren den Namen „Walulisobrücke". Waluliso hatte sich nämlich sehr lange für die Errichtung einer Donauüberquerung für Fußgänger auf dieser Höhe eingesetzt. Da sich die Brücke im Nacktbereich befindet, wird sie von ihren Nutzern meistens auch unbekleidet überquert. Es ist eine schwimmende, sogenannte Pontonbrücke, die außerhalb der Saison und bei Hochwasser abgehängt und am Ufer geparkt wird.

i FKK

Es gibt in Wien auch noch andere mehr oder wenig ungewöhnliche FKK-Bereiche in und außerhalb von Bädern. Am bekanntesten ist der südliche Teil des Gänsehäufels, eine Insel in der Alten Donau, in dem sich – sehr zur Freude der vorbeitretenden Tretbootfahrer – jeden Sommer zahlreiche Menschen entblößen. Weniger bekannt ist, dass sich entlang der Alten Donau ein paar Badestege befinden, die ebenfalls von Anhängern der Freikörperkultur in Anspruch genommen werden. Und auch in einem Teil des Erholungsgebiets am Wienerberg wird hüllenlos sonnengebadet.

Zu meinen persönlichen Donauinsel-Highlights gehört der Wasserskilift. Obwohl Wasserskiseilbahnen bereits Anfang der 1960er-Jahre erfunden worden waren, wurden sie jahrzehntelang nur am Meer und bei großen Badeseen eingesetzt. Der inzwischen Wakeboard-Lift genannte Wasserskilift stellt für eine (mitteleuropäische) Großstadt jedenfalls eine Besonderheit dar. Der Rundumkurs hat eine Gesamtlänge von mehr als 800 m, bis zu zehn Personen können hier gleichzeitig auf Wasserski oder eben Wakeboards ihre Kreise ziehen. Wenn sie es denn können ...

Noch ein PS zur Donauinsel. Ende der 1980er-Jahre veranstaltete die Wiener Tageszeitung „Kurier" einen Song-Wettbewerb zum Thema Donauinsel rund um deren Eröffnung. Als Preis winkte die Veröffentlichung des Siegersongs als Single, Platz zwei sollte auf die B-Seite, für die Erst- und Zweitgereihten also quasi der mögliche Start einer Karriere als Schallplattenstars. Zahlreiche Einsendungen trudelten ein. Als Siegerlied wurde schließlich ein satirisches Lied mit dem Titel „Donauinsel-Blues" gekürt, auf Platz zwei schaffte es ein fröhliches Schlagergedudel mit dem Titel „Donauinsel, glückliches Land". Und Platz drei, also knapp am Weltruhm vorbei, belegte die kurzlebige Band „Harry Hamlet und die breite Masse" mit dem „Donauinsel-Rap". Text, Komposition und, nun ja, Lead-Gesang stammten vom Autor dieser Zeilen ... Der Rap brachte es immerhin auf 30 Sekunden AirPlay auf Radio Wien und als Preis gab es diverse Goodies der Tageszeitung „Kurier“. Unter anderem ein Rätsel-Handtuch, das der glücklose Barde bis heute in Gebrauch hat.

PS: Die Siegerlied-Single wurde, soweit ich weiß, nie produziert, aber der Sieger-Song „I sing den Donauinsel-Blues“ schaffte es als Coverversion immerhin auf die B-Seite der Single „Sommer in der City“ von Ulli Bäer.

Schönbrunner Kabbala

In meinem Buch „Kurioses Wien" bin ich im Kapitel „Schönbrunner Feng Shui" auf die vielfältigen esoterischen Grundlagen der Errichtung des Schlossgartens Schönbrunn und des Tiergartens durch den Gemahl von Maria Theresia, Franz Stephan von Lothringen, eingegangen. Dabei ging es zum Beispiel um die vielfachen astrologischen und kabbalistischen Prinzipien, die sich im Bau und der Ausrichtung des zentralen Frühstückspavillons im Tiergarten finden.

Inzwischen habe ich aber – Sie wissen, man lernt und recherchiert nie aus – von einem weiteren unglaublichen Schönbrunn-Mystik-Detail erfahren, das ich meinen (hoffentlich) treuen Leserinnen und Lesern nicht vorenthalten möchte. Dass die vielen Wege und Gänge des Schlossgartens jeweils mit mystischer Absicht errichtet wurden, darauf habe ich bereits hingewiesen. Allerdings habe ich noch nichts darüber geschrieben, was sich aus dem gesamten Grundplan als Ganzes ergibt. Denn wenn Leute, die sich mit solchen Dingen besser auskennen als ich, recht haben, dann stellt der Großteil des Grundrisses des Parks nichts anderes

dar als den kabbalistischen Lebensbaum. Oder, um genau zu sein, wurden alle Teile des Lebensbaums (Sephiroth genannt) baulich umgesetzt. Wobei Kether – das „unerforschlich Hohe", die „Krone der Schöpfung" – ident ist mit der Gloriette.

Diese und andere Erkenntnisse finden sich in dem Buch „Schönbrunn – Eine vertiefende Begegnung mit dem Schlossgarten" (Frohmann/Doblhammer), das ich hier allerdings nur über die Bande zitiere. Die Autoren laden darin jedenfalls zum Spaziergang ein, um im Park neue Lebenskraft zu tanken. Unter anderem orten sie im Schlosspark eine Chakrenachse, auf der man mit der Lebenskraft der einzelnen Energiezentren entsprechend ihrer Qualität in Resonanz treten könne.

Sie sehen schon: Auch die aus der indischen Medizin und Mystik bekannten Chakren finden sich angeblich im kaiserlichen Garten. Und zwar in folgender Reihenfolge:

- Fußchakra: Eingang zum Ehrenhof, auf der Höhe der beiden Obelisken
- Kniechakra: auf der Höhe der beiden Brunnenanlagen
- Wurzelchakra: Schloss Schönbrunn
- Milzchakra: Kreuzung Parterre/Finstere Allee
- Solarplexuschakra: Kreuzung Lindenallee/Zentrum Parterre
- Herzchakra: Höhe Taubenhausallee bis hinter den Neptunbrunnen
- Halschakra: zwischen Neptunbrunnen und Wasserbecken der Gloriette
- Stirnchakra: Wasserbecken unterhalb der Gloriette
- Kronenchakra: vorderer Eingangsbereich der Gloriette

Eine Durchwanderung aller Chakren könnte sich also möglicherweise günstig auf ihre Gesundheit auswirken. Also vielleicht beim nächsten Sonntagsausflug ausprobieren? Wie man so sagt, nutzt's nix, schadt's nix.

Gut möglich übrigens, dass der Kaiser das alles wirklich so geplant und umgesetzt hat. Platz und vor allem Zeit hatte er ja genug dafür. Denn regiert hat ja schließlich seine Frau.

Die weiße Kugel und andere himmlische Geheimnisse

Wer, wie ziemlich viele Wiener, einigermaßen oft an der Wiener Urania vorbeifährt und dort fast unvermeidlicherweise bei der Ampel stehen bleiben oder sogar stauen muss, dem wird in den letzten Jahren vielleicht etwas aufgefallen sein, das nicht in das seit Kindheitstagen ins Hirn eingebrannte Erscheinungsbild des Gebäudes passt: nämlich eine große weiße Kugel ganz vorne oben, die nachts auch manchmal beleuchtet wird. Die hockt dort relativ unmotiviert und scheint mit dem Rest des Gebäudes nicht viel zu tun zu haben. Ich habe mich schon seit langem gefragt, seit wann die dort oben ist und warum eigentlich. Bis ich die Hintergründe nun endlich recherchiert habe.

Aber lassen Sie uns (in gewohnter und lieb gewordener Manier) erstmal ganz woanders anfangen, nämlich bei dem Bauwerk unter der Kugel, bei seiner faszinierenden und kuriosen Geschichte sowie den erstaunlich vielfältigen historischen wie heutigen Nutzungen und Funktionen.

Und bei seinem Namen, Urania. Diesen kann wohl so mancher Halb- bis Dreiviertelgebildeter auf die Muse Urania, die Muse der Sternkunde, beziehungsweise in weiterer Folge auf den Gott Uranus/Uranos zurückführen. Was durchaus seine inhaltliche Berechtigung hat. Uranus ist in der griechischen Mythologie einer der ältesten Götter, einer der sogenannten Protogenoi. Geboren wurde er von seiner Mutter Gaia (der Erde) im Schlaf und ohne dass davor das Zusammensein mit einem Mann notwendig gewesen wäre. Allerdings, wie es in den alten Quellen heißt, unter „Beteiligung" von Eros. Wie man sich das genau vorzustellen hat, überlasse ich hiermit Ihrer Phantasie. Mit großer Wahrscheinlichkeit gibt es aber dazu bereits ein schmutziges Filmchen irgendwo im weltweiten Netz. Wie auch immer, Uranus hatte daraufhin des Öfteren Sex mit seiner Mutter, die daraufhin einen Haufen Monster gebar und schließlich auch die Titanen. Zwei von diesen, Rhea und Kronos, hatten geschwisterlichen Verkehr, dessen Ergebnis Zeus war und die erste Generation der Olympier. (Übrigens mit Ausnahme von Aphrodite, die entstand direkt aus den von Kronos abgetrennten und ins Meer geworfenen Geschlechtsteilen seines Vaters Uranus. Bitte keine Fragen dazu. So waren sie eben, die alten Griechen.) Zeus wiederum zeugte mit seiner Tante Mnemosyne – ihres Zeichens Titanin und zugleich Göttin der Erinnerung – die neun Musen. Unter anderem Urania. Uranus ist also genealogisch der Urgroßvater von Urania. Sie wurde jedoch nicht aus nostalgischer Erinnerung an den alten Herrn und Stammvater so benannt, sondern vielmehr aufgrund ihrer Funktion. Denn jede Muse steht für eine Wissenschaft oder Kunst. Im Fall von Urania handelt es sich um die Astronomie, also die Himmelskunde. Außerdem war sie auch für Astrologie zuständig, was heute gerne unter den Teppich gekehrt wird.

Wie wäre es an dieser Stelle mit einem kleinen Quiz für „ganzgebildete" Bildungsbürger? Also, die Frage lautet: „Wie heißen die anderen acht Musen und wofür sind sie zuständig?" Die Antworten finden Sie am Ende des Kapitels.

Die Namensähnlichkeit von Urgroßvater und Urgroßtochter leitet sich davon ab, dass Uranus, sowohl dem Namen als auch seiner mythologischen Funktion nach, schlicht und ergreifend das Himmelsgewölbe selbst ist. Und dieses zu erforschen, ist die Aufgabe der Astronomie. Die Benennung des Gebäudes scheint also durchaus logisch, da die Wiener Urania ja unter anderem auch eine Sternwarte beherbergt. Aber das ist noch nicht die ganze Geschichte. Die hat nämlich weniger einen mythologischen als vielmehr einen pädagogischen Hintergrund. – Der den meisten Menschen nicht so wirklich bewusst ist. Denn, was die steinerne Urania, also das Gebäude am Rande des ersten Wiener Gemeindebezirks, betrifft, so ist sie den meisten Menschen vermutlich eher durch folgende Features bekannt: 1. Kino, 2. Kasperltheater, 3. Sternwarte.

(Wobei dieses Ranking vermutlich landschaftlich und altersbedingt variieren dürfte. Etwas ältere und abseits der Hauptstadt aufgewachsene Österreicherinnen und Österreicher werden aufgrund der ORF-Übertragungen der Aufführungen der Urania-Puppenbühne mit Kasperl, Pezi und Dagobert, dem Drachen, vermutlich „den Kasperl" an die erste Stelle reihen.)

Die Urania kann und ist aber noch viel mehr. Sie ist, zum Beispiel, ein historisch wesentliches Zentrum der Zeitmessung (dazu gleich). Und die Urania ist auch eine Volkshochschule. Tatsächlich ist dies auch die eigentliche und ursprüngliche Funktion des Gebäudes. Die „Wiener Urania" gab es als volksbildnerische Institution nämlich schon lange vor der Errichtung des Bauwerks.

Kasperl und Pezi

Alles begann 1883 mit Sonnenfinsternissen, zu deren Berechnung der deutsche Astronom Max Wilhelm Meyer als Assistent an die Wiener Universität kam. Nebenbei hielt er auch wissenschaftliche Vorträge für das gemeine Volk und fand das eine derart lohnende Idee, dass er beschloss, eine richtige Institution daraus zu machen. Da es ihn 1885 allerdings nach Berlin verschlug, gründete er dort die „Berliner Urania". Diese griff auch auf andere schon vorhandene Konzepte der Volksbildung zurück, die bis zu Alexander von Humboldt zurückreichten. Die Idee war, kurz gesagt, eine öffentliche Sternwarte zu errichten, mit angeschlossenen Vortragssälen, um auch dem Volk den Himmel und die Wissenschaften näher zu bringen. Das Motto dazu lautete „Verbreitung der Freude der Naturerkenntnis". 1889 wurde in der Berliner Invalidenstraße die erste Volkssternwarte der Welt errichtet. Darum auch der Name Urania: Denn durch den Blick in den Himmel konnte man dem normalen Bürger, der mangels Fernseher und „Universum"-Serien noch nicht viel von der Welt und dem Weltraum da draußen wusste, rasch und unmittelbar einen Einblick in die Mechanismen der Erde und ihrer Umgebung verschaffen. Aber von Beginn an war der volksbildnerische Einsatz im Dienste der Wissenschaft nicht nur auf Astronomie festgelegt.

Wien wollte nachziehen, doch hier dauerte alles wie üblich ein wenig länger und war ein wenig komplizierter: 1897 wurde das „Syndikat Wiener Urania" mit denselben Zielen wie die der Berliner Kollegen gegründet und 1898 ein provisorisches Urania-Gebäude aus Holz im Prater nahe der Rotunde errichtet. Der Publikumserfolg stellte sich sofort ein, leider aber gleichzeitig ein finanzieller Misserfolg. Das Gebäude musste schon im selben Jahr wieder schließen und wurde 1899, da niemand genug Geld für einen ordnungsgemäßen Abbruch hatte, an Holzhändler verkauft, die den Bau schließlich demolierten. Die Volksbildner machten dennoch weiter und hielten ihre Vorträge an verschiedenen anderen Orten. 1900 und 1901 wurde die Tätigkeit der Uraniagesellschaft im sogenannten Tiergarten am Schüttel betrieben, der wiederum zum Vivarium am Beginn der Prater Hauptallee gehörte, eine unfassbar interessante Institution. Dazu vielleicht in einem zukünftigen Buch mehr.

Das mit der Volksbildung wurde damals jedenfalls nicht so akademisch eng gesehen, weshalb etwa zur Verdeutlichung des Lebens in Südafrika dem Publikum eine riesige Show mit über 300 Darstellern geboten wurde. Unter den Mitwirkenden der Aufführung waren, wie es in dem Buch „Die Wiener Urania" von Wilhelm Petrasch heißt, 30 Buren, 50 Schwarzafrikaner („Eingeborene"), 20 Musiker in Burenkostümen sowie 50 wilde und zahme Tieren. Die Show und die Vorträge der Wiener Urania mussten allerdings schon 1901 eingestellt werden, weil diesmal zur Abwechslung der Tiergarten und das Vivarium in Konkurs gingen. Trotzdem wurde mit den Vorträgen weitergemacht und sie erfreuten sich immer größerer Beliebtheit. Was zweifellos auch mit dem Aufkommen des neuen Mediums des Lichtbildes (Laterna magica) zusammenhing. Eine Tradition, die bis heute besteht (Stichwort PowerPoint-Präsentationen) und die später mit dem noch neueren Medium Film erfolgreich weitergeführt wurde.

Jedenfalls endete mit zunehmender Popularität auch langsam die Zeit des Tingelns: 1904 beschloss der Wiener Gemeinderat die Errichtung eines eigenen Urania-Gebäudes, 1909 war Grundsteinlegung und 1910 wurde bereits eröffnet. Mit dem üblichen Skandal – einige Kritiker fanden das neuartige Bauwerk fürchterlich und protestierten dagegen –, aber die Wiener gewöhnten sich recht rasch daran und schlossen es schließlich am Ende vollends in ihr Herz.

Zu den vielen prägnanten und teilweise eigenwilligen baulichen Features des Gebäudes gehörte damals, neben einigen spitzen

Obelisken, auch ein über dem vorderen Eingang thronender großer vergoldeter Globus. Gleich über dem noch heute lesbaren Schriftzug „Errichtet unter der Regierung des Kaisers Franz Joseph I. Im Jahr 1910“. Globus, hm. Darauf kommen wir noch zurück.

Der fertige Bau war in erster Linie, und lange auch exklusiv, im Wesentlichen eine Bildungseinrichtung mit angeschlossenem Observatorium. Und dieser Ursprungsgedanke prägt die Urania und ihr Programm bis heute, wenn er auch im Laufe der Zeit erweitert wurde.

Dazu zwei Exkurse zum Thema Zeit und Raum.

Zuerst Zeit: Obwohl wir die Erfindung der astronomischen Zeitmessung in der Geschichte der Menschheit immer weiter zurückdatieren müssen (aktueller Stand, 12.000 Jahre, anhand der Ausgrabungen in Göbekli Tepe, Türkei), spielte die exakte Zeitangabe während des gesamten Mittelalters und auch der frühen Neuzeit keine so besonders große Rolle. Im großen Ganzen genügte der Blick auf eine Kirchturmuhr. Aber seit der Erfindung der ersten Taschenuhren, mit zunehmender Industrialisierung, internationalen Handelsbeziehungen und dem Aufkommen wissenschaftlicher Forschung wurde eine möglichst genaue Zeitmessung immer wichtiger. In Österreich ereignete sich die erste Zeitrevolution am 1. Oktober 1891, als die k. k. Staatsbahnen die mitteleuropäische Zeit einführten. Die korrekte Uhrzeit wurde von der Wiener Universitätssternwarte per Telegraf an die Bahnhöfe durchgegeben. 1910 erfolgte die Einführung der neuen Zeit für ganz Wien und hier kommt wieder die Urania ins Spiel. Diese stellte sich selbst die Aufgabe, „für die Zeitbestimmung, Zeitbewahrung und Zeitverteilung in Wien“ zu sorgen.

Für alle Details bin sogar ich nicht Nerd oder Geek genug, jedenfalls wurde in der Sternwarte alle fünf bis sechs Nächte die genaue Zeit durch präzise Himmelsbeobachtung *bestimmt*, anhand der Passage von Fixsternen sogar auf Bruchteile von Sekunden. Diese aus dem Himmel abgeleitete genaue Zeit wurde wiederum an super-duper genaue Uhren, mit „temperaturkompensiertem Vakuumpendel" und Zeugs, im Gebäude weitergegeben, um dort *bewahrt* zu werden. Die *Weitergabe* der Zeit erfolgte sodann auf mehrere Arten: 1. durch eine große Uhr an der Südwand des Gebäudes (die später zerstört und nach dem Krieg durch eine neue ersetzt wurde); 2. ab dem März 1911 auch durch eine Signalkanone, die jeden Tag um genau 12 Uhr einen Schuss abgab. Dieser Schuss wurde 3. im Jahr 1928 eingestellt und durch einen „Zeitball" ersetzt, der jeden Tag um wieder genau 12 Uhr an einem Mast herunterfiel (solche Zeitbälle waren temporär in Mode, und auch heute noch signalisiert am New Yorker Times Square das Heruntergleiten des dort 1907 installierten Zeitballs, mittels TV-übertragenen „Ball Drops", den Beginn des neuen Jahres – so wie in Österreich die Liveübertragung der läutenden Pummerin im Stephansdom); 4. wurde die Urania-Zeit ab 1913 auch telefonisch verteilt, ab 1917 kostenlos.

Übrigens lebt letztere Verteilung der genauen Zeit, wiewohl etwas anachronistisch, auch heute noch im österreichischen Telefonnetz fort. Nachdem die jahrzehntelang gewohnte Telefonnummer 1503 mit der charakteristischen Ansage „Es wird mit dem Summerton …" 2009 eingestellt werden sollte, waren die Proteste so zahlreich, dass auch heute noch die genaue Zeit unter der Nummer 0810 001503 abgerufen werden kann. Etwa mit einem Smartphone, dass via Internet sowieso sekundengenau mit der aktuellen Zeit synchronisiert wird … Renate Fuczik, die Summertonstimme seit 1974, wurde dabei übrigens von Angelika Lang abgelöst.

Wir überspringen weitgehend die nicht unerhebliche Bedeutung der Wiener Urania als Lichtspieltheater – nur so viel dazu: Dem

Bildungsauftrag folgend waren die Vorführungen lange nur Dokumentationen vorbehalten. Filmfestspiele wie die Viennale kooperierten und kooperieren mit dem Haus bis heute und der Betreiber ist noch immer vertraglich dazu verpflichtet, ausschließlich qualitätsvolle Filme zu spielen – und wenden uns dem Thema Raum und dem Haus in seiner Funktion als Sternwarte zu. Wie ihr Berliner Vorbild war auch die Wiener Urania die erste Volkssternwarte ihres Landes. Die Teleskopanlage wurde übrigens drei Wochen vor der offiziellen Eröffnung der Urania in Betrieb genommen, um den Vorbeiflug des Halleyschen Kometen nicht zu verpassen, was angesichts der Tatsache, dass der nur alle 76 Jahr vorbeikommt, durchaus Sinn ergibt. Die Urania erhielt nach und nach eine Reihe wichtiger Teleskope und andere astronomische Messinstrumente, die allerdings 1944 zusammen mit der Sternwarte fast völlig zerstört wurden. Nach dem Krieg wurde die Kuppel 1956 (ein „minderes" Wiener Wunder: zum ersten Mal in Europa wurde für diesen Zweck Aluminium verwendet) neu errichtet und neue Teleskope angeschafft, in den Jahren 2000 bis 2003 wurde die Urania schließlich baulich vollständig erneuert. Auch heute noch können Interessierte dort in klaren Nächten den Himmel und nahe Himmelskörper, wie unsere Geschwisterplaneten, beobachten. Sie hat also ihre beiden ursprünglichen Funktionen – öffentliche Sternwarte und Volkshochschule – bis heute beibehalten.

Apropos Volkssternwarten: Die Kuffner Sternwarte in Ottakring wurde von 1884 bis 1886 als private Sternwarte errichtet und beherbergte immerhin – Tusch – sieben Jahre lang das damals größte Fernrohr der Welt. Doch auch heute hat diese Sternwarte noch ein paar Superlative zu bieten. So verfügt sie über ein sogenanntes Heliometer (ein Instrument zur Messung von besonders kleinen Winkeln, also eine Art Geodreieck für Himmelsforscher), das weltweit größte seiner Art. Seinen Namen bezieht das Heliometer daher – um noch mal auf die klassische Bildung der Einleitungsabsätze zurückzukommen –, dass es anfangs vor allem zur genauen Bestimmung der Schwankung des Sonnendurchmessers (Helios = griechisch Sonne) eingesetzt wurde.

Aber jetzt wird es wirklich Zeit, zur Lösung der eingangs gestellten Frage zu kommen. Die Sache mit der Kugel nämlich. Alle Ingredienzien zur Beantwortung des Rätsels finden sich zwar schon im Laufe dieses Textes, aber wir wollen die Sache doch präzisieren. Die Urania-Sternwarte wurde also von 2000 bis 2003 generalsaniert und umgebaut. Doch nicht nur diese. In diesen Jahren wurde das gesamte Gebäude erneuert. Dabei wurden auch die in den Jahrzehnten nach dem Zweiten Weltkrieg eher planlos ergänzten Umbauten entfernt, der Vorbau wurde neukonstruiert und ein verglastes Café mit Sommerterrasse dazugebaut (das sich übrigens schon in den Ursprungsplänen fand, aber damals nicht realisiert wurde). Und noch etwas wurde wiederhergestellt: nämlich einige der ursprünglichen Aufbauten des Hauses. Da Gebäudeschmuck je nach Epoche variiert und immer auch dem Geschmack der Zeit unterworfen ist, wurden in der Zwischenkriegszeit einige Zierelemente vom Dach der Urania entfernt. Darunter die bereits erwähnten spitzen Obelisken und der goldene Globus. Einiges davon wurde nun beim Um-/Rückbau mehr oder weniger eins zu eins wiederhergestellt. Wie die hiermit zum dritten Mal erwähnten Obelisken. Anderes wurde, wie es heißt, „neu interpretiert“. So verzichtete man auf eine Wiedererrichtung einer goldenen Weltkugel und ersetzte diese durch, mittlerweile haben es alle verstanden, eine große weiße Leuchtkugel gleichen Umfangs. Diese ruht nun, im Gegensatz zur alten Kugel, die ja auf so etwas wie einem klassischen Globenfuß stand, auf drei modern wirkenden übereinandergestapelten quadratischen Platten. Voila.

Wer jetzt ein wenig über die Lösung des Kugelrätsels enttäuscht ist, steht nicht allein da. Vielleicht fehlt mir ja das Kunstverständnis, aber diese Neuinterpretation entzieht sich meinem Verständnis. Was mich bei der Recherche zu der Kugel am meisten erstaunt hat, war, dass sie dort offenbar schon seit 2003 platziert ist, was ich nie vermutet hätte. Und, ja, natürlich hat sie ihre Meriten. So ist sie auffällig und lenkt das Interesse des Betrachters auf das Objekt darunter, also die Urania selbst. Und ohne sie wäre es nie zu diesem Kapitel gekommen und Sie hätten so viele ganz andere interessante Details nie erfahren. Also seien wir dankbar für das Ding.

Übrigens: Auf einige Zierelemente, wie die ehemaligen steinernen Blumenkörbe zwischen Kugel und Obelisken, wurde bei der Umgestaltung dankenswerterweise verzichtet. Ich möchte nicht wissen, wie deren Neuinterpretation ausgesehen hätte.

Und um noch einen Kreis zu schließen: Urania, also diesmal die Muse, wird gemeinhin mit einem Zeigestab dargestellt (ein Vorläufer des Laserpointers, wie er auch heute sicher noch bei den Bildervorträgen in der Urania eingesetzt wird), den sie in der einen Hand hält, während in der anderen eine Kugel ruht, ein Himmelsglobus, also die inverse Darstellung des runden Himmels um uns, projiziert auf eine Kugeloberfläche. Ob der ursprüngliche Globus auf der Urania ebenfalls den Himmel oder die Erde dargestellt hat, konnte ich nicht mit letzter Sicherheit recherchieren.

Lösung des Musenquiz:

Klio: Geschichtsschreibung; Melpomene: Tragödie; Terpsichore: (Chor-)Lyrik und Tanz; Thalia: Komödie; Euterpe: Lyrik und Flötenspiel; Erato: Liebesdichtung; Polyhymnia: Gesang (mit der Leier); Kalliope: epische Dichtung, Rhetorik, Philosophie und Wissenschaft. Und Urania: Astronomie